自走社員が育つ
企業共育のコツ

井口雅夫 著

セルバ出版

はじめに

私は今年還暦を迎えました。

人生100年時代といわれる現代において、60年というのは1つの通過点過ぎないかもしれません。ただ社会においては、60歳（主流は65歳）定年という節目に当たる時期でもあります。実際に同期の友人たちは役職定年を迎えたり、雇用形態の変更を行ったりして、働き方が変わってきています。

私自身は元々自営なので定年はありません。だから敢えて働き方を変える必要はないのですが、いい機会なので、改めて自分の仕事を見つめ直したいと思いました。そこで20数年に亘って取り組んできたコンサルティング内容を、読者の皆様に公開することにしました。率直なご意見をいただいて、今後の働き方の参考にしたいと考えたからです。

実際にやってみた結果は、成功もあれば失敗もあります。もっとこうすればよかった、ああすればよかったと反省する事例もたくさんあります。そこは正直に記載していますので、読みにくい部分は読み飛ばしたり、反面教師にしたりしていただければ結構です。

本書のテーマである企業教育はなかなか成果が見えにくい分野でもあります。そこで本書では、読者の皆様のお立場や課題に応じて、各章を読み進めていただくのがよいと考えました。勿論どこから読んでいただいても結構です。

簡単ですが、各章の想定対象者を整理しておきますのでご覧ください。
第1章：経営者・幹部社員対象
第2章：新人・若手社員対象
第3章：中堅・マネジャー対象
第4章：全員対象（特に経営者・幹部社員）
第5章：全員対象（特に新人・若手社員）
企業事例集：経営者・後継者対象
研修プログラム：経営者・人事担当者対象
ウェイ研究所の理念：経営者・後継者対象
「教育とは、流れる水の上に文字を書くような儚いものだ。だが、それを岸壁に刻み込むような真剣さで取り組まなければいけない」
これは国民教育の師父と言われた森信三先生（故人）の言葉です。
今回ご紹介した取り組みが少しでも皆様のお役に立てるならそれに勝る喜びはありません。本書を手に取っていただいた方にとって、何かの参考になれば幸いです。

2024年3月

井口　雅夫

自走社員が育つ企業共育のコツ　目次

第3章 問題解決能力が向上する

第4章 リーダーシップ力が向上する

第5章　キャリアプランニングする

企業事例集

実践研修プログラム

ウェイ研究所の経営理念

第1章　企業理念・ビジョンが浸透する

1　理念はなぜ必要か

創業に至る想い

瀬戸内海の小さな漁村で生まれた私は、典型的なサラリーマン家庭で育ちました。父はいつも家でも仕事をしている仕事人間でしたが、時々時間を見つけてキャッチボールをしてくれるような優しい人でした。

ただあんなに働いていても、部長職には着けず、会社の都合で転勤もあり、定年後は子会社に転籍、更に小さな中小企業に移って70歳まで会社勤めをしていました。そんな父を見ていて、サラリーマンは大変な割には苦労が報われない立場なのだなと思いました。

そんな私も結局最初はサラリーマンになりました。１９８７年4月のことです。

「私は父とは違う人生を歩みたい」「いつか独立してやってみたい」そんな漠然とした気持ちを持ちながら私は社会人としてのスタートを切りました。

新卒で就職した会社は総合不動産会社、当時はデイベロッパーという言葉で語られる時代でした。

「衣食住」の中で最も重要だと考えた「住まい」に関する仕事をライフワークにしたいと思っていました。

そのときに抱いた大きな夢は、いつか「街づくり」に関わりたいとの思いでした。

しかし2週間の集合研修（新入社員研修）を終えて配属された先は、中古マンションの売買仲介を中心とした個人の住み替えをお手伝いする仕事でした。いきなり何千万円もする住まいの売買などできるはずもなく、毎日「あなたの家（マンション）売ります」「この家（マンション）を買いたい人がいます」というチラシ原稿をつくって、ガリ版印刷したチラシをポストへ投函するのが日課でした。

家に帰ると両手が印刷機のインクで真っ青になっていて、とても空しい気持ちになったことを覚えています、何のためにこの会社に入ったのだろう、誰のための仕事だろう、悶々とした日々を送っていました。そんなある日、先輩から契約が取れたので立ち合ってみないかと誘われました。

自分たちの存在意義

不動産会社に入ったことを後悔し始めていたので、あまり関心も持てなかったのですが、1回くらいは見てもよいかなと軽い気持ちで契約に立ち合いました。

不動産を契約する場合は、事前に重要事項の説明をすることが法律で義務づけられています。売買物件に関する内容以外にも、各種法令や隣接地との境界確認、借入のための申込手続、税金の清算や付属建物（設備）の引継ぎなどの説明で、3時間もの時間を要しました。

初めての経験でしたので、正直とても疲れました。不動産の取引は大変な労力を要するのだと実感できました。と同時に、やりがいもあるなと思いました。特に居住用の不動産は、購入してからが重要ですのでいい加減なことはできないとも感じました。

契約が終わった後、先輩から言われた言葉は今でも頭に残っています。

「私たちは住み替えのパートナー」

契約は終わりではなく始まりでした。もしかするとそのお客様と生涯お付き合いするかもしれないのだとも思いました。実際に住み替えをお手伝いした方で、今も年賀状をやりとりしている方がいます。このときは不動産の奥深さを感じました。

実務面では、売買契約書をもって銀行に借入の申込を行い、土地・建物の名義変更を行うために司法書士を通じて登記を行い、残代金の支払い・諸費用の清算などのやり取りを行って決済（引渡し）を行います。それでやっと完了かと思ったら、まだしばらくは保証責任が続くのです。

それは一定期間「瑕疵担保責任（権利関係の不備、不動産自体の隠れた問題を解消する責任）」を負う場合があるという現実です。学生時代に不動産の勉強をして「宅地建物取引主任者（今は宅地建物取引士）」の資格を取得していましたので、ある程度は知っていましたが、それが実務でどうなるのかを初めて知りました。

大切にしたい価値感

不動産という大きな買い物のお手伝いする以上は、重い責任も負わなければいけないと実感しました。勿論それだけにやりがいも感じました。一生のうちに何度も買い替える人は少ないので、失

敗は許されないという緊張感も芽生えました。そこで思い出したのが、その会社の理念でした。

「私たちは住み替えのパートナー」

それまでの正直な気持ちは、契約したら私の役目は終わりだと思っていました。

しかしこんなにも多くのことを行い、お客様に安心して住み替えていただく仕事は責任重大だと理解できました。

残念ながら私が新卒で入社したその会社はＭ＆Ａを経て、社名は変わりました。ただ当時一緒に働いた仲間とは今もＯＢ会等を通じて交流を続けています。やはり当時の考え方を受け継いでいて、理念は息づいていると信じています。

理念を共有する

その後経営コンサルタント会社で経験を積んだ後、独立しました。そのコンサルタント会社で取り組んだのは企業の改善でした。

「企業は人なり」の言葉通り、人の問題を改善せずして、企業の改善はできません。とても難しい問題ですが、この会社の理念に沿って一生懸命に取り組みました。

「企業の改善は人の改善であり、人の改善は人の心の改善である」

因みにこの会社では業務以外にも多くのことを学ばせてもらいました。その一部が次の内容です。

① 本社ビルの建設（不動産会社時代の経験を活かせた）

② 社員寮での生活（福利厚生施設のメリット・デメリット）

③ 株式上場の手順（残念ながら上場は果たせなかった）

④ 賃貸ビルの経営（不動産投資におけるノウハウ）

⑤ 会社設立の方法（当時会社法の改正があり1円でも法人化）

ここで色々な経験を積めたことで、２００５年に経営コンサルタントとして独立できました。そのときに一番拘ったのは「理念」です。何のためにコンサルタントをやるのかを1年かけて考えました。

そして形にした「理念」が次の言葉です。

「日本の会社を元気にして明るい未来を創造します」

これは約20年の時を経ても変わっていません。

会社の軸となる「理念」はぶれずに守り続けていますし、取引先の企業とも共有しております。

自分の会社が存続する限り、継続するつもりです。

2　ビジョンとはなにか

これから目指す姿

1年かけて形にした「理念」を実現するために、自分は何ができるのかを自問自答しました。社会に出てから経験した仕事を棚卸しながら、これからの仕事を模索しました。

・これまで経験した仕事…営業、企画、秘書、インストラクター、コンサルタント
・これまで体験した役割…アルバイト、一般社員、中間管理職、中小企業の役員
・これまで見てきた業界…不動産業、建設業、製造業、小売業、サービス業、飲食業など

それから今までに出会った人たちとの関係も見つめ直しました。仕事は1人ではできないので、誰と一緒に仕事をするのか、誰と未来を共有するのか、誰のお役に立てるのか、誰が相談に乗ってくれるのか、ご縁のある方々を思い起こしながら整理していきました。

そんなときにかつての上司から連絡が入りました。

「独立してコンサルタントになったと聞いたので、一度話を聞かせてくれないか？」という電話でした。その上司とは年賀状のやり取りは継続していましたが、直接逢うのは約10年ぶりでした。

そこで相談されたのが新入社員研修でした。「最近の若者は覇気がないので元気にして欲しい」という依頼でした。それは私自身にも必要なことでした。

「そうだ、自分が明るく元気で素直になろう。それが目指す姿だ！」

そう思いあたりました。

達成したいゴール

先ずは自分が明るく元気で素直になって、ご縁のある方々を応援しよう、そのために自分の行動基準を定めようと考えました。私は元来人見知りで、あまり明るい性格ではないのですが、そんな自分を変えたいとの思いも込めて、「明・元・素」の3つをゴールに設定しました。

その後、自分が歩んできた経験を踏まえて、現在はゴールが5つになりました。

「明・元・素・遊・楽」

明＝明るく
元＝元気に
素＝素直で
遊＝遊んで
楽＝楽しく
この5つの行動基準を自ら実践して広めていこうと決意しました。少し具体的に申し上げると、
明…明るく【おはよう】と挨拶します

元…元気に【はい】と返事します
素…素直に【やります】と行動します
遊…遊んで【ユーモア】を忘れません
楽…楽しく【笑顔】で交流します

手に入れたいもの

私はそんなに器用でもなく、要領もよくないので、ものをつくったり売ったりするのは得意ではありません。営業経験はありますが、どちらかというと不器用なので、時間のかかる要領の悪い仕事ぶりだったと思います。

ただ粘り強さだけはありましたので、しつこく食い下がり、何度もアプローチしながら仕事をしていた気がします。

そんな私が手に入れたいものは、「あなたに出逢えてよかった」と言われるような存在、「信頼」です。

先日も10数年ぶりに再会した方から「あのときはお世話になりました」と御礼を言われました。その方とは一緒に事業を立ち上げて軌道に乗せるところまで漕ぎ着けたのですが、残念ながら東日本大震災の影響もあって継続することができませんでした。私の力不足だったのですが、声をかけてもらえて、とても嬉しかったです。いつかご恩返しをしたい気持ちが強くあります。

ここでは私の好きな相田みつをさん（故人）の「めぐりあい」という詩を紹介しておきます。

「あなたにめぐりあえて
ほんとうによかった
ひとりでもいい
こころからそういってくれる
ひとがあれば」

これからもよい出逢いを求めて日々活動していきたいと思っています。

続けていきたいこと

私は元々教師になりたいと思っていました。小学校のときの担任の先生が、私にとっては理想の教師です。既に他界されましたが、とてもよくしていただきました。その先生はとにかく1人ひとりと向き合い、その生徒に合った指導方法を実践しておられました。

どちらかというと神経質で落ち込みやすい性格の私に対しては、いつもおおらかに接してくれて、何かあると励ましてもらいました。生徒指導を十把一絡げにするのではなく、個性を尊重して指導しておられました。

それはつまり一方通行の教育ではなく、双方向の教育だったのです。私が尊敬する研修講師の方も「双方向対話型」による研修をしておられます。

ここでコンサルタントとして独立したときに出合った言葉を紹介します。

それは「教育」ではなく「共育」という言葉です。

常用漢字にはありませんが、共に育つという考え方に共感しました。会社においても、共に学び合う気持ちがあればこそ、お互いが成長していけるのではないでしょうか。

先輩が後輩に教える、上司が部下を指導する、それ自体は大切なことですが、双方向の対話がなければなかなか信頼関係は築けません。ましてや、仕事は盗め、自分で考えろ、と放置するのは今の時代にはそぐわない気がします。恐らくそれだけの能力がある人は自分でやります。お互いが学び合う姿勢で接して、一緒に成長していくのがよいのではないでしょうか。

それ以降、「共育」は私の育成方針の根幹をなしています。

3　自分は何をするか

役員幹部がやること

私はこれまで自社の役員としてだけではなく、前職での役員、顧問先での役員を経験してきました。そこで痛感したことがあります。

役員幹部には大きな2つの責任があるという現実です。

①　業績責任を果たす

②　育成責任を果たす

会社組織が存続するためには、業績を上げ続けなければなりません。そうでなければ社会的責任を果たすことができないからです。

お客様に満足してもらう、取引先のニーズに応える、社員の雇用を継続する、納税して地域貢献するなどです。

それから人は必ず歳を重ねていきます。いつか必ず退職（引退）するときが来ます。そのときに備えて、次世代を育成しなければなりません。

実際に私もある印刷会社の廃業をお手伝いしました。次世代の育成が思うように進まず、事業の継続を断念したのです。

仕事を継続するために世代交代は避けて通れない問題なのです。その重責を担うのが役員幹部です。

どうしても業績が伸びない、後継者がいない、という状況が続くようであれば、思い切って事業譲渡、会社売却など、Ｍ＆Ａ（企業の合併・買収）を提案する必要が出てくるかもしれません。

苦渋の選択かもしれませんが、手遅れになる前に経営者に対して意見具申するのも役員幹部です。

「役員幹部は腹を括って経営者を支える存在になる」

役職社員がやること

役職が付くようになると自分のことだけではなく、まわりのことや将来のことを考えるようになります。

内部だけではなく、外部からも色々な期待をされるようになるからです。部下や後輩からは仕事を教えて欲しいと言われ、取引先からは価格や数量に関して相談を受けるようになります。目の前のことだけやっていたのでは対応できないでしょう。

常に会社の方針を頭において、様々な問題を解決する取り組みを求められていきます。一歩先を見据えた行動を心がけたいものです。

① 会社方針に従って実践行動する

② 内外で発生した問題を解決する

長と就く役職を得たならば、対外的には会社を代表する責任者です。気を許してはいけません。意外と人は見ているものです。私も以前電車に乗ったら同じ車両に取引先の部長が乗っていて声をかけられたことがあります。

もしかしたらもっと前から見られていたかもしれないとドキドキした記憶があります。普段から一挙手一投足を見られているのだという自覚を持ちたいものです。

それから現場で起きたトラブルを解決する役目が出てきます。特に緊急を要する場合には迅速な対応が求められます。

かつて研修運営の責任者をしていたときに、音響トラブルが発生してビデオの音声が出なかったことがあります。そのときは過去の資料を活用して乗り切りました。

「どんな状況に遭遇しても冷静に対処するマネジメント力が求められる」

中堅社員がやること

入社して3年が過ぎると一通りの仕事はできるようになります。徐々に自信もついてきて社内での立場も安定し始めます。

ただここで手を抜くと成長が止まります。世の中の変化は激しいので、常にアンテナを上げて新しい情報を集めていくことです。

新しいスキルを身につけたり、資格を取得したりして、自分磨きに精力を傾けることが重要です。

立ち止まると成長が止まるだけではなく、退化していきます。常に「向上心」を持って学び続けたいですね。

自分の成長が会社の成長にも繋がるのだと自覚しておきましょう。ここで大切なことは「好奇心」を持ち続けることではないでしょうか。

① 新しいことにチャレンジする
② 立ち止まらず学び続ける

今の時代は何がビジネスに繋がるかわかりません。どんなことでもいいので、自分が関心のあることを追求して欲しいです。

仕事以外の趣味でも構いません。もしかするとそれが将来のビジネスに発展するかもしれないのです。

私事で恐縮ですが、学生時代から趣味で続けていた社交ダンスがきっかけで、不動産の仕事に繋がったことがあります。

あるダンスパーティーで知り合った人から自宅マンションの売却を相談されました。翌日価格査定に伺って

買い替えのお手伝いをしました。

「固定観念に囚われずチャレンジしていれば人脈ができていく」

若手社員がやること

現代社会はとても便利になりました。スマホが1台あれば何でも調べることができます。困ったらスマホ、悩んだらスマホ、答えを探すのはスマホ、本当にいい時代になりました。

ただ気をつけなければいけないことがあります。自分の頭で考える習慣が少なくなってきたことです。

物心がついた頃からスマホを活用している世代は、デジタルネイティブと言われます。スマホを自由自在に操って何でも探してきます。でも世の中はイレギュラーなことが起きます。天災地変だけではなく人災もあります。そのときに試されるのは自分で考える力です。普段から次の2つのことを意識して行動しましょう。

①　自分の頭で考えて答えを出す

②　ディスカッションをどんどんやろう

人の意見に追従するのは楽です。巷に溢れている情報を鵜呑みにする、有名人の発言を受け売りする、過去の事例に従うなどです。自分の考えはどこにも入っていません。変化の激しい時代だからこそ、1人ひとりが自分で考えて議論する必要があるのではないでしょうか。

是非とも自分の意見を堂々と主張する習慣を身につけましょう。反対されることを恐れず、一緒に議論することが大切なのです。そこで積極的に人と交わることで、視野も広がり、思考も深まります。とにかく失敗を恐れず前に出ることを経験して欲しいです。

「未来の社会を創るのは自分たちなのだと自覚しよう」

ここで新入社員へのアドアイスです。

黙って聞いているだけでは何も身になりません。疑問に思ったことはどんどん質問しましょう。最初の頃は専門用語や業界慣習などが全くわからないと思うので、そのまま放置せずできるだけその場で確認をしましょう。後で確認しようと思っていると会話から置いていかれます。

質問することは決して恥ずかしいことではありません。「聞くは一時の恥、聞かぬは一生の恥」です。

かつて私の下で活躍してくれた新入社員のことに触れておきます。

私が不動産会社時代に担当した大規模物件に彼女はやってきました。新卒で入社した後、新人研修を経て直ぐに私の現場に配属されました。正直とても直ぐには戦力にはならないと思って、全く期待をしていませんでした。

ところが彼女は次から次へとお客様を案内してくるのです。知識も経験もない、ましてや家を売買したこともない素人同然の担当なのにです。びっくりしました。

「井口さん、お客様から質問されても答えられないのでお願いします」

それでもお客様が彼女から離れないで後についてくるのがとても不思議でした。そこでお客様に何故彼女を通じて物件を検討するのか尋ねてみました。すると次のような返答が返ってきました。

「彼女はとても素直で正直なので信用できる。だから彼女から買いたい」

この返答から大切なことに気づかされました。いくら知識や経験を積んでも、人間性を磨かなければ人は付いてこないという現実です。新人の彼女から学ばせてもらいました。勿論知識や経験が要らないのではなく、その前に１人の人間として人格形成を目指すべきだということです。

このとき私に大きな影響を与えてくれた彼女も、いつの間にか結婚をして、母親になって、元気に過ごしているようです。20年以上たちますが、今も年賀状を届けてくれます。

当時も感じたことですが、作家の吉川英治氏（故人）の言葉を思い出します。

「我以外皆我師」

《第1章のまとめ》

「企業理念・ビジョンを浸透させるための方法」

理念の必要性を繰り返し説く

◇創業者の想いを理解する。
◇自社の存在意義を確認する。
◇最も大切な価値観を共有する。
◇経営の軸となる理念を守り続ける。

ビジョンの目的を周知徹底する

◇やるべきことを明確にする。
◇これから達成したいゴールを知る。
◇自分たちが手に入れたいものを見つける。
◇将来続けていきたい行動指針を決める。

1人ひとりの役割を明確にする

◇役員幹部は「業績責任」「育成責任」を果たす。
◇役職社員は「実践行動」「問題解決」に努める。
◇中堅社員は「チャレンジ」「学び」を続ける。
◇若手社員は「自分で考え」「みんなと議論」に取り組む。

第2章　コミュニケーション力が向上する

1　自分を知る

過去の自分

物心ついてから色々な経験を積んできました。残念ながら幼少期の記憶はあまりありませんが、神経質で細かいことを気にする繊細（いや気の小さい？）子どもだったと思います。テストや運動会の前にはあれこれと思い悩み、余計な心配ばかりして本番では失敗ばかりしていた気がします。

事実受験には失敗しましたし、将来を悲観して投げやりになっていた時期もあります。

自分の性格は簡単には変わりませんので、悶々とした青春時代を過ごしていました。今更ですが、もっと明るく楽しい時間を過ごしていたらよかったに違いありません。そんな私ですが、転機となる出逢い（出合い）が何度かありました。

最初の転機は前述しました通り、小学校5年生のときに担任だった「西本先生（故人）との出逢い」です。マイナス思考になりがちだった私をいつも温かく見守ってくれ、励ましてくれました。中学受験に失敗（第二志望には受かりました）した後も、プラス思考で接してくれました。実はその第二志望で通った学校は私の人生を大きく変える素晴らしい学校でした。

何が飛躍のきっかけになるかわからないものです。当時の私はそんなプラス思考を持ち合わせていませんでした。

結局「第二志望校」が私を育ててくれました。そのことに気づくのは10年以上も先のことですが…

第二の転機は大学時代に訪れます。元々内向的な性格であり、マイナス思考になるとやる気も失ってしまって、結局大学受験も失敗しました。一浪して何とか東京の私学に滑り込んだのですが、何をやるのか全く目標もなく漠然と入学式を迎えました。そんな自分が嫌で、何とか変えたいとの気持ちはありました。

当時の大学は新入生に対するオリエンテーションがあって、クラブ活動を盛んにすすめていました。私も何か打ち込めるものを見つけたいと、色々なクラブを見学して回りました。どうせやるなら上を目指したい、そんな気持ちも芽生えていました。

中学・高校でもクラブ活動をやろうとしていましたが、視力の急激な衰えや通学時間の長さなどで中途半端になっていました。だから、そのリベンジをしたいとの思いがありました。

当時私が通っていた大学は比較的小規模でしたが、ヘボン式ローマ字を普及させた伝統ある大学で、クラブ活動は熱心にやっていました。

特に射撃部と社交ダンス部（当時は舞踏研究会）は学生日本一を出したことのある実績がありました。どうせ入部するならどちらかにしようと思いました。

少し恥ずかしい話ですが、私は中学・高校と男子校だったこともあり、女性に対する苦手意識がありました。姉(実は同じ大学の先輩)、妹はいるのですが、やはり他人となると変に意識してしまって話ができなくなりました。

そんな自分を変えたいとの思いもあり、思い切ってダンス部の門をたたきました。

あれから40年以上趣味として続いていますが「ダンスとの出合い」は私に色々な変化を与えてくれました。

長く続けていると素敵なご褒美もありました。あの世界一周クルーズで有名な豪華客船「飛鳥Ⅱ」にダンスインストラクターとして数日間乗ることができました。

恐らくダンスをやっていなければ、体験できなかったと思います。

その後ダンスを通じて友人も増えましたし、仕事のご相談もありました。本当に有難いことです。

現在の自分

社会人として最初に就職した会社は前述した不動産会社でしたが、そこでは色々な仕事を経験しました。

その会社では売買・賃貸・管理・リフォームという現場の仕事以外に、企画販売・区画整理・共同事業など地域に関わる仕事にも携わりました。入社して10数年経ちましたが、当初の希望であった街づくりにも関わることができたのはある方（Cさん）のお陰でした。

その「Cさんとの出逢い」が今の私を創るきっかけになったと思っています。これが第三の転機です。

私は不動産会社に就職してから、子会社に出向したり、関連会社の仕事をしたり、なかなか本来の仕事に携わることができないで過ごしていました。それがある日の人事異動でCさんの部下になりました。全く経験のない仕事をすることになって不安に駆られている私を自宅に呼んで、同僚を紹介してくれて仲間に入れてくれました。

どちらかというと人見知りの自分が1人の人間として、仲間と本音で心の交流をする機会を持つことが出ました。これこそ本物のコミュニケーションだと感じました。そこで語り合った仲間たちと一緒に、約5年に亘る大規模プロジェクトを成功させることができました。これもすべてCさんのお陰です。

あれから20数年経ちますが、当時の仲間たちとは今も交流が続いています。余談ですが、当時の

仲間たちの何人かは、縁あって結婚して幸せな家庭を築いています。とても嬉しいですね。

そういえばCさんが凄いと思ったことがあります。私が何回もチャレンジして不合格だった国家資格に一発合格されたのです。やっぱり器の違いなのだと痛感しました。

将来の自分

その後転職してコンサルタント会社に就職しました。そこで第4の転機が訪れました。

その会社の社長（Nさん）は、北海道のお寺の家系から一念発起して税理士免許を取り、コンサルタント会社を創業した方でした。

Nさんはいつもエネルギッシュで、何をするにも先頭を走っていました。私に対しても常に厳しい指導をされて、心が折れそうになったことは一度や二度ではありませんでした。それでいて心根は優しく温かい人なので、多くの方から慕われていました。

私もいつかNさんのように人から頼りにされる、人望のある人間になりたいとの思いが芽生えました。Nさんの下で、約4年の歳月を過ごしました。いつも「イノちゃん」「イノちゃん」と言って可愛いがってくれました。

2005年に独立を果たせたのは、「Nさんとの出逢い」のお陰だと思っています。残念ながらNさんは2年前に他界されましたが、その教えは私の体に沁み込んでいます。

「企業の改善は人の改善であり、人の改善は人の心の改善である」（14ページ参照）

人の問題を解決せずして、会社を継続・発展させることはできません。その入口が人と人との交わりであるコミュニケーションです。人の問題に正面から向き合って、その橋渡しをやっていくこ

とが私の使命だと思っています。

そのためには自分に厳しく自己研鑽を積んで「人間力」を身につけていかなければいけません。現状に甘んじることなく、いつも新しいことに挑戦していく中で、コミュニケーション力を磨いていきます。Nさんが実践していたことを一言で表すとこれです。

「鬼手仏心」↓一見厳しい指導に見えるが、本心は相手の成長を願う温かい心がある

実現したい夢

私には独立したときからの夢があります。

それは「現代版の寺子屋」を創ることです。

老若男女が何の制約も受けずに集まってお互いに学び合う場所です。

そこではお互いが相手を認めて対等に接するのです。年齢、性別、国籍、役職（過去も含めて）に拘らず、みんな平等です。

以前ある方から相談されて、障害を持つ子どもたちを療育する「放課後等デイサービス事業」を立ち上げるお手伝いをしました。

生まれながらにして障害のある子どもたちは、なかなか普通学校に通うことができません。

将来のことを考えると両親も心配しています。そんな家族を応援するためにその事業は始まりました。

子どもたちが安心して学び合い、社会性を身につけるための教室（療育の場所）が開いていて、地域に溶け込んで活動しています。

国際社会は2015年の国連サミットで採択された「SDGs（持続可能な社会を目指す開発目標）」を、2030年までに達成するべく取り組んでいます。勿論日本も同様です。

そこで最も重要視されている「理念」があります。

「誰一人取り残さない」

その開発目標である17ゴールの中で、特に「ジェンダー平等」に注目しています。男女平等社会の実現は是非とも達成したい目標の1つです。誰もが差別されることなく共に学び合える場所を提供していきたいのです。

私の個人的な目標ですが、2030年までに寺子屋を開くべく準備を進めています。

2　相手を知る

関心あること

「あなたの今の関心事は何ですか？」

そう聞かれて答える内容はみんな異なる気がします。たまたまお酒が好きだと言われて同じだと思っても、お酒にはビール・焼酎・日本酒・ワイン・ウイスキーなど色々あるので結局好きなお酒は違っていたりします。

もちろん偶然同じ好みだったり、共通の趣味だったりすることはありますが、目的が違ったり、内容が異なったりします。そう、みんな違いますし、違っていいのです。

だから相手の話をしっかり聴くことが大切なのです。相手の興味はどこにあるのか、表面的な話ではなく、根本的な話を引き出していくことです。

多くの人が自分のことを話したいと思っています。私もそうです。だから早合点せず、じっくりと相手に向き合うことで本音が見えてくるのではないでしょうか。

私にもたくさんの失敗があります。車が好きだという方と話していたら、どうも話がすれ違うのです。自分の好きな「車に乗る」のが好きだと思っていたのですが、相手はF1などの「車を観る」のが好きだったのです。車種（スポーツカー）の話までは共通だったのですが、ドライバーの話になってから関心事が違うことに気づきました。はっとした出来事でした。

人は自分の思い込みで話を進めてしまいがちですが、できるだけ主観を入れず、客観的に相手の話を聴きたいものです。

「自分の話をするのではなく、相手の話を聴こう」

経験したこと

「人は自分が経験した範囲で物事を判断してしまう」

前述したＮさんがよく話していた言葉です。確かに過去の経験に引きずられて失敗したことがあります。身近な例ではこんなことがありました。

地方の会社へ車で訪問するときに、１年前のルートを使って行こうとしました。ところが数か月前の豪雨災害で道路が分断されて通行することができません。そのために約束の時間を大幅に超過して先方に迷惑をかけてしまいました。自分の経験に頼らず、カーナビシステムを使っていれば未然に防ぐことができたはずです。

他にもこんなことがありました。かつてご支援していた会社へ10年ぶりに訪問することになり、ご無沙汰していたので手土産を持参しました。ところがその会社は数年前から外部の方からの金品受領は禁止とのことで受け取ってもらえませんでした。高価なものでもなく、一般的な茶菓子だったのですが、事前に情報を把握していなかったので、先方には大変な失礼をしてしまいました。

改めて世の中の変化を感じる出来事でした。普段から世の中の動きには目を光らせていたつもりでしたが、やはり自分の思い込みは捨てなければいけないと痛感しました。この出来事は、自分の価値観を見直すきっかけになりました。私はどちらかというと融通の利かない性格なので「固定観念」には気をつけたいと思いました。

「多くの失敗から学んだことを次に活かそう」

やり残したこと

2020年から広がったコロナ禍の影響で、しばらくは人との交流が分断されていました。その間に恩師や友人・知人を何人か失いました。そのことが残念でなりません。やはり時間をつくって人と逢おうと思いました。時間を惜しまず、できるだけ多くの人と逢いたいとの思いが強くなりました。

「会いたいと思ったらすぐに逢いに行く」

学生時代の友人で直ぐに行動する人がいます。思い立ったらすぐに電話をしてアポイントを取るのです。以前は「相手の都合を考えないな」と思って見ていましたが、今は見習わなければいけないと思うようになりました。「時は金なり」とはよく言ったものです。

コミュニケーションは人と人との間で育まれます。相手を知ろうと思ったら、先ず逢いに行くことでしょう。考え過ぎると行動できなくなります。待っていても相手は現れませんので、こちらから出向いていくことです。

「出逢いはチャンスの下ごしらえ」

自分の会社を立ち上げたときに心がけたいと思って掲げたスローガンです。まだ何も始まっていないときに、頼るべきものは人との出逢い、そう信じていました。子どもの頃からの友人、学生時代に出会った仲間、社会人になってからお付き合いした同僚や取引先、更に同じ境遇にいる士業の方々、そして新たな出会いの場としての経営者団体や地域コミュニティー、それらを改めて掘り起こしたいと思って出向いていきました。これからも時間を見つけて逢いに行きます。

必ずやりたいこと

以前は年賀状を1000枚出すことを目標にしていました。なぜなら独立して初めて仕事をいただいたのは、かつて上司だった方（Tさん）へ出した年賀状がきっかけだったからです。

ある日そのTさんから私の携帯に電話がかかってきて、「独立したのだね。一度話を聞かせてくれないか」という連絡が入ったのです。喜んで逢いに行きました。これは今でも本当に感謝しています。

そのTさんからは事務所にお祝いのお花まで贈っていただきとても嬉しかったです。そんなご縁もあって年賀状を大切にしてきました。その後Tさんは定年退職されましたが、今も時々声をかけていただき、OBの集まりや情報交換会に呼んでいただいています。時間が許す限り、できるだけ

参加したいと思っています。

ただ近年の傾向として、SNSの普及に伴い年賀状を止める方が増えています。そこで軌道修正する必要があるとの認識を持っています。一応SNSの一種であるフェイスブック（Facebook）、ライン（LINE）、X等はやっていますので、並行して増やして行きたいと考えています。

あとは前述した「現代版の寺子屋」を創って人が行き交う学びの場を提供することです。そこに多くの人が集まってコミュニケーションを取りながら豊かな人生を過ごすのがいいのではないかと思っています。

私のビジョンにも繋がりますが、最終的にはみんなで次のことを実現したいです。

誰もが安心して集まり、みんなで一緒に幸せを享受する場所を創ることです。

「楽…楽しく【笑顔】で交流」（17ページ参照）

3　お互いが知り合う

2人の共通点

こんな経験があります。全国に支店を持っている会社の新入社員研修を行う機会がありました。まだ社会経験も少ない社員で何となくぎこちなく、緊張感が漂っていました。とても真面目な方々でしたので、雑談をするでもなく1人ひとりが大人しく座って研修開始を待っていました。

このまま研修を始めてもなかなか身につかないと感じたので、室内で目が合った男性にプライベートな話を振ってみました。

「普段休日はどんなことをして過ごしているの？」

その男性はあるゲームソフトの話をしてくれました。残念ながら私は知らなかったのですが、隣の女性が「それ、私も知っているし、時々やっているよ」と急に会話に参加してきました。

私はゲームに疎いので詳細はわかりませんでしたが、いつの間にかその男性の周りに人が集まって盛り上がっていました。その後はみんなで打ち解けて和気あいあいと研修に参加してくれました。

私も経験がありますが、相手との共通点を見つけると一気に親近感がわきます。

共通点はどんなことでもいいと思います。趣味に限らず、好きな食べ物、見たい映画（動画）、行きたい場所、生まれ育った出身地、卒業した出身校など色々あります。個人情報の問題はありま

すが、本人の意思であればある程度の個人的な情報は共有してもいいのではないでしょうか。
「知って知られて親しくなって好きになる」(前述のNさんの言葉)

共通体験する

それでもなかなか共通点が見つからない場合があります。

例えば、国籍が違うとか、言語が違うとか、年齢差が30歳以上あるとかです。私もかつてタイ国の方とご一緒したことがあります。なかなか言葉が通じないので、とてもコミュニケーションを取るのに苦労しました。それでも一緒に食事をしたり、一緒に掃除をしたりして少しずつ打ち解けていきました。

同じ場所にいる、同じ体験をする、一緒に行動することでお互いを理解するきっかけができました。そのことが話題にもなりますし、あとで振り返りながら交流することもできます。日本には昔から「同じ釜の飯を食う」というコミュニケーション手段がありました。それを休憩時間やお昼休みなどで実践してみてはどうでしょうか。

仕事においても同様です。同じ作業をしてみる、一緒に物をつくってみる、営業に同行してみるなど、共通体験は工夫すればできるはずです。言葉も大切ですが、一緒に行動をするのが親しくなる近道のような気がします。その際に心がけたいのは、少し遊び心を取り入れることです。

サラリーマン時代に、ダイレクトメール（郵便）の封入作業を皆で分担してやったことがあります。

【封入準備】…資料を印刷する→確認する→並べる→揃える→まとめる、三つ折りにする

【封入作業】…向きを合せる→封入する→ふたを折る→糊付けする→切手を貼る→確認する

こんな単純作業を「速さ」で競ってみるとかでもいいのです。一度試してみてはいかがでしょうか。

ディベートをやる

私は問題解決の手段としてよくディベートを活用します。

何か会社で問題が起きたら会議を開いてディスカッションして結論を出すというのが一般的です。ところがとかく会議というのは、話し合いとは名ばかりで、決まったことを伝える場となっていたりします。上役の顔色を伺いながら、実は参加者は結論を聴いているだけのことが多々あります。

「議論とは名ばかりで全部上司が決めるのだろう」

「どうせ会議の前に結論は出ているのだろう」

「自分たちが何を言っても取り上げられない」

そんな声が裏で聞こえてきたりしていました。

そこで私が考案したのは三者に分かれて行うディベートです。同じテーマのものを3回やるので、全員が3つの立場をすべて体験します。次のような流れです。

1回目：甲チーム「賛成」　乙チーム「反対」　丙チーム「審判」

2回目：乙チーム「賛成」　丙チーム「反対」　甲チーム「審判」

3回目：丙チーム「賛成」　甲チーム「反対」　乙チーム「審判」

例え自分はこの意見（方針）に反対だったとしても賛成の立場を経験します。そうすることで相手の考えや立場を理解することができるので、みんなの思考が深まります。

実際にこんなディベートをしたことがあります。

問いかけ①「あなたは何のために働きますか？」↓「お金のために働きます」
　賛成派：お金のために働く
　反対派：お金のためには働かない…では何のために？
問いかけ②「あなたは誰のために働きますか？」↓「自分のために働きます」
　賛成派：自分のために働く
　反対派：自分のためは働かない…では誰のために？
問いかけ③「あなたはいつまで働きますか？」↓「定年まで働きます」
　賛成派：定年まで働く
　反対派：定年まで働かない…ではいつまで？

このディベートは、結論を出すための取り組みではなく、視野を広げて思考を深めることを目的として実施しました。参加者の皆さんは戸惑いながらもそれぞれの立場に立って「働く目的」を真剣に話し合ってくれました。

例えば、自分は「お金のために働く」と考えていた人が、反対派になると何を主張するのかを考えます。また審判になると、お金以外にはどんな目的があるのかを聴くこともできます。研修後の振り返りでは、自分の視野が広がったとか、自分と異なる考えが聴けたとか、みんなで仲良くなれたといった意見が出ていました。

こんなディベートを行えば、お互いを知り合うのは早いかもしれません。

〔図表１　研修ディベートのメモ（事例）〕

テーマ「何のために働く？」（例題）

肯定の立論	否定の立論
「お金のために働く」	「お金のためではない」

審判の立場

肯定側の評価	否定側の評価

〔図表2　研修ディベートのメモ（雛形）〕

テーマ「　　　　　　　　　　　　　　　」

肯定の立論	否定の立論
「　　　　　　　　　」	「　　　　　　　　　」

審判の立場

肯定側の評価	否定側の評価

共通目標を立てる

お互いが知り合い、価値観の共有ができたら、次は一緒に行動することです。ただその場合は漠然と行動するのではなく、目標を立てて協力しながら実現していくのです。難しく考えることはありません。

例えば「近いうちに食事をしよう」ではなく、「○月○日に■■のレストランで食事をしよう」と具体的に決めればいいのです。このようなやり方で共通目標を立てて実現しましょう。

これは仕事の場合でも同じです。目指す目標を決めて、仲間の協力を得られればブレずに実現できます。ものづくりの会社であれば、自社製品を「何時までに」「何個つくって」「どう届け」「いくらの売上になるのか」、といったことをみんなで共有して実現を目指すのです。

会社の最終的な目的は理念の実現です。そのためにビジョン（事業目標）を掲げて全社一丸となって仕事に取り組むのです。私の場合は次の通りです。

「日本の会社を元気にして明るい未来を創造します」（14ページ参照）

そしてその会社の理念を共有し、その実現に向けて共通目標（ここでは行動基準）を設定します。私の場合は行動基準として示してあります。その内容を改めて記載しておきます。

「明・元・素・遊・楽」

私自身がその体現者となって実践していきます。そうすれば必ず志を同じくする人たちが集まって、明るい未来を創造できると信じています。

ただしこれも時代と共に変化していくと思っています（16ページ参照）。

《第2章のまとめ》

「コミュニケーション力を向上させる方法」

自分を知る（自己理解）することから始める

◇自分の今までの歩みを振り返る。
◇自分が今やっていることを棚卸する。
◇自分が将来やりたいことを探してみる。
◇自分がいつか実現したい目標を考えてみる。

相手を知る（相手受容）することに注力する

◇相手が関心あることに興味を持つ。
◇相手が経験したことを受け止める。
◇相手が後悔していることを引き出す。
◇相手が必ずやり遂げたいことを応援する。

お互いが知り合う（相互理解）ことを目指していく

◇2人の共通点を見つける。
◇2人で共通体験をする。
◇ディベートをやって両者（肯定・否定）を理解する。
◇2人の共通目標を立てる。

〔図表３　２人が知り合うワークシート〕

相手との共通点を探してみよう！
（ただし無理強いは禁物です）
氏名を聞いてみる（よみがな）
生年月日を聞いてみる
出身地を聞いてみる
出身校を聞いてみる
趣味を聞いてみる
特技を聞いてみる
夢を聞いてみる
（その他）
≪２人の共通点≫
その1
その2
その3
その4
その5

〔図表４　２人が掲げる共通目標シート〕

２人の共通目標

≪　　　　　　　　≫

≪　　　　　　　　≫

自分の目標

≪　　　　≫

≪　　　　≫

≪　　　　≫

≪　　　　≫

≪　　　　≫

相手の目標

≪　　　　≫

≪　　　　≫

≪　　　　≫

≪　　　　≫

≪　　　　≫

第3章　問題解決能力が向上する

1　問題を診る

先入観を除く

前述しましたが、人は過去に経験した範囲で物事を判断する傾向があります。私もその1人です。実際にこんなことがありました。

ある会社が自社商品を期日指定でお客様に発送しました。ところが指定した日時に届かず、先方から問い合わせがありました。そのお客様からは以前にも同様の問い合わせがあって、そのときは先方の別の方が受け取っていました。そのため自社内の発送伝票を確認せず、お客様の問題として処理していました。

ところが、実際にはこちらの担当者が指定日時の記載を間違えていたのです。

翌日先方に商品が届いて、その事実が発覚しました。担当者が直ぐ謝罪に伺ったのは言うまでもありませんが、相手のせいにせず自分に落ち度がなかったかと確認すべきでした。誰もが思い込みをすることはあります。だからこそ先入観を持たず、事実確認をしなければなりません。

もし自分でやったことが不安であれば、誰か別の方に頼んでチェックしてもらうことも必要かもしれません。常に気をつけたいことです。もしかしたら間違っているかもしれない、もう一度見直すべきかもしれない、最終確認をしておくべきかもしれない、常に自分への問いかけを心掛けたいものです。

誰かの責任にするのではなく、自分のこととして最後まで責任を持たなければいけないのです。

「問題の本質に迫るためには先入観を除く」

客観的に診る

これは創業当時に私が犯した失敗体験です。

取引先の会議に出席して、議事録を作成する機会がありました。内部の人間ではないため詳細はわからないので、できるだけ参加者の発言に基づいた記録を残そうと心がけました。ところが出席者の中には発言が二転三転する人がいました。その事実だけを記録すればよかったのですが、個人的な意見をコメントしてしまいました。

主観を入れては議事録になりません。本来の役目を忘れて、個人的な意見（感情）を出してしまったのです。自分の立場をわきまえて、その務めを果たすべきでした。大いに反省しています。

逆にこんな経験をしたこともありました。

ある工場を視察したときに、改善点を探して行きました。全く業界のことを知らなかったので、本当に素人目線で見て回りました。すると来客用駐車場が狭くて入りづらいとか、入口の照明が暗くて足下の段差が見えにくいとか、ホワイトボードが小さくて書きづらいとか、気になる点を発見できました。普段それが当たり前だと思って過ごしていると慣れてしまいます。でも、時には第三者が入ることで、業務の見直しが進むこともあるのではないでしょうか。

そういえば、別の会社で新入社員に工具を使わせて改良したという話も聞いたことがあります。改善のきっかけは意外なところから見つかるかも知れません。

「問題解決の糸口は冷静に客観的に見つめて探す」

多角的に診る

こんなことがありました。

取引先の会社を訪問したら、若手社員の1人から個人面談を申し込まれました。その方は入社当時から応援している人でしたので、一抹の不安がよぎりました。すると案の定「退職したい」との申し出がありました。理由を聞いてもはっきり話してくれません。その半年前には明るく「この会社で頑張ります」と言ってくれていたにも拘らず、突然のことでびっくりしました。

何があったのか、気になったので上司に尋ねました。すると「家庭の問題ではないか？」との返事が返ってきました。本当なのか、改めて同僚にも尋ねてみました。すると「仕事が忙しいからではないか？」とのコメントでした。他に理由はないのか、他部署の人にも尋ねてみたところ、「上司とのことで悩んでいるみたい」と言われました。

結局のところ本当の退職理由はわかりませんでしたが、恐らく色々な要因が重なって退職を決意したのでしょう。残念ながら退職の意志は固くて覆りませんでした。今となっては真相を知るすべはありません。ただ同じことが起きないようにするためにも原因の追究はしておくべきでしょう。

その後しばらくして若手社員を集めて研修を行う機会がありました。そこでは会社のよいところ、悪いところを話し合う時間も設けました。とにかく不満を溜めさせないことです。話を聴く機会を設けておけば、何か予兆があれば気づくはずですし、早めの対応もできるでしょう。

「結果に至る根本的な原因を知っておく」

掘り下げてみる

何かトラブルが起きたら分解してみるのがよいです。

因果律という原理があります。

「すべての出来事は、ある原因から生まれた結果である」

つまり問題が発生したら、その根本原因を追究していくことで解決策を探すヒントが見つかるのではないでしょうか。例えばこんな感じです。

《商品が壊れていた》

製造工程での破損・納品途中での破損・包装過程での破損…

配達時点での破損・商品開封での破損・商品利用での破損…

↓↓↓　では改めて工程の見直し、発送の確認、使用マニュアルの改訂を行いましょう！

《約束時間に遅れた》

事前準備に時間がかかった・前の予定が長引いてしまった・場所を間違えてしまった…

移動時間を読み間違えた・渋滞に巻き込まれた・トラブルが発生してしまった…

↓↓↓　ではスケジュールの確認、交通手段の見直し、対処マニュアルの改訂を行いましょう！

ピンチはチャンスとも言います。トラブルやクレームが発生したら、それをそのまま放置せず業務改善に繋げることが大切ではないでしょうか。

「問題解決に向けた選択肢を広げておく」

2　本質を視る

担当者に聞く

何といっても当事者が一番問題を知っています。問題に最も近いところにいる当事者から情報を引き出しましょう。色々な角度から質問を投げかけることで、本人も気づいていない問題の本質に近づけるかもしれません。私は次のことを考慮しながら質問を行い、本質をみています。

「時間・場所・人」
① 時間を変える…長時間一緒にいると煮詰まってしまうから
② 場所を変える…同じ場所にいると思考が止まってしまうから
③ 人間を変える…同一人物だと相性が合わないこともあるから
取引先の若手技術者から自分の評価に対する不満を聴いていました。「上司は私を見ていない」「私

は同僚の中では一番頑張っている」「人の尻拭いばかりして評価されない」等々、延々と説明してくれました。ただほとんどが愚痴になっていて堂々巡りでした。こんなときは一旦話を終わりにして、次の機会を設けたほうがお互いによい気がします。

またある営業マンは、自分の実績が上がらないことを嘆いていました。

「担当エリアが広すぎる」「交通の便が悪い」「面倒なお客様ばかり担当させられる」などでした。実は本人も話していて言い訳ばかりだと気づいていました。ただ話している場所が会社の会議室でしたので、なかなか本音が出にくいようでした。それなら気分転換に社外へ出て聞いたほうが正直に話してくれると思いました。そこで外のカフェで対話を再開したら、今後のことを前向きに打ち合わせできました。

別の会社では後継者問題で候補者と会っていました。創業者の息子さんでしたが、なかなか決断してくれません。もしかしたら私が信頼されていないのかもと感じて、幹部の方にも同席いただきました。その幹部から「あなたを支えます」と言われて、その後継者候補の方は次期社長になることを決断しました。やはり誰が話すかで相手の受け止め方は変わります。

「時を変え、場を変え、人を変えて、本音を聞き出そう」

関係者に聞く

自分のこと、自社のことは中にいるとわからなくなるときがあります。外から見るとどうなっているのかを知るのは重要です。そこでできるだけ利害関係のない方に質問してみるといいです。と言っても全くご縁のない人に尋ねては只の感想になってしまいます。私にはこんな経験があります。

取引先の役員を受けていたときのことです。何と私自身が肺結核にかかってしまいました。かつては死病と言われた法定感染病です（新型コロナと同様の感染病）。今の時代は服薬治療で多くの方が完治するのですが、痰の検査で陰性が3週続かなければ退院できない病気でした。

つまり病院に隔離されて外出することができないのです。いつ退院できるかわからない状態で役員を続けることはできないと考えて退任したいと申し出ました。そのとき社長は慰留してくれました。

しかし本当に在任し続けるべきだろうかと思い、他の役員や取引先、そして共通の知人にも相談しました。実質的に現場を管理していた私が外に出られないとなると、業務に支障をきたすことは目に見えていました。社長の言葉に甘えていると大変なことになる、そう感じて退任しました。

私の業務引継ぎや私物の整理ではご迷惑をおかけしました。ただ早く決断してよかったと思っています。その代わり収入が激減してその後の我が家の家計は大変でした。これも自己管理能力の欠如だと反省しています。

「独りよがりにならず、周囲の意見に耳を貸そう」

根本原因を探る

あるセミナーで知り合った経営者から営業マンを育成して欲しいと依頼を受けたときのことで

す。その会社は会計事務所だったのですが、コンサルティング分野を強化したいと考えての相談でした。参加された方々は税理士資格を持っていたり、科目合格していたり、業界経験が長かったり、と優秀な方ばかりでした。

そこで１人ひとりに営業のロールプレイングをしてもらうことにしました。その際に準備したのはビデオです。自分のことは自分ではわからない、と前項で紹介しました。自信満々で説明する自分の姿を、あとで見てもらうためです。

全員のロールプレイングが終わった後、全員にビデオを検証してもらいました。そこに映っている自分を見て、ほとんどの人がため息を漏らしました。一方的に話すばかりで、相手の話をほとんど聴いていないのです。勿論知識や経験は必要ですが、相手のニーズを把握しなければ前に進まないことに気づいてもらいたかったのです。ビデオの効果は絶大でした。

その後のＱ＆Ａでは「傾聴」に関する質問がたくさん出てきたのは言うまでもありません。問題の本質に迫ることができた事例です。

「自分を客観視しながら自己研鑽を積んで、大きく成長しよう」

問題の核心に迫る

毎年新人を採用している会社なのですが、社員が定着しないという相談を受けました。

なぜ３年も持たないで辞めてしまうのか、原因がわからないというのです。決して給料が安いわけでもなく、休日が取れないわけでもありません。残業は極力なくしているし、利益が出れば賞与・決算手当まで出しているのです。何が不満なのかわかりませんでした。

最初は人間関係、特に上司との相性が悪いのではないかと仮説を立てました。そして無記名のアンケートも実施しました。しかし原因究明には至りません。社長も含めて社員同士はとても和気あいあいと仕事をしているのです。そんなあるとき、1人の男性が会社に来たら雰囲気が一変しました。

その人は引退したはずの創業者（会長）でした。話している内容は気合と根性、営業は足で稼ぐのだと檄を飛ばしていたのです。1人の社員が机に座って仕事をしていると、「営業は外へ出ろ」「会社にいても仕事は来ない」「外でチラシでも配れ」と一方的に指示を出したのです。その様子を息子である社長は黙って聞いていました。

社内にいた社員はネットショップで売上を伸ばしている若手でした。後でその若手に話しかけたら、「いつも会長が来るとやる気がなくなるのです」「自分たちの仕事を否定されている気がします」そんな言葉をぽつりとつぶやいてくれました。残念ながら数か月後には退職していきました。

新しい仕事のやり方を認めず、自分のやり方や価値観を押しつける人についていけなくなったのです。しかもその人を止められない社長に失望したのでしょう。どんなに表面的にいい雰囲気であっても、本質的な価値観が異なっていては働き続けることができなかったのでしょう。私の無力さを痛感する出来事でした。今でも申し訳なく思っています。

「どうせ働くのなら、同じ価値観の人と一緒に働きたい」

3　具体的に動く

関係者を集める

問題が明確になったら、関係者を集めて解決策を検討しなければなりません。

特に当事者を除いて話し合うと、核心に迫れなかったり、回り道をしたりして、なかなか解決の糸口が見つかりません。例外はありますが、多くの場合は関係者全員を集めて解決策を話し合うのがよいでしょう。そのほうがスピードも増すはずです。

以前こんなことがありました。

ものづくりの会社に、お客様から新しい商品企画の相談があり、営業担当が打ち合わせに参加しました。過去に類似商品を扱っていたこともあり、自分だけで対応できると思って独断で決めてしまいました。

ところが新商品には新しい素材を使わなければならないことがわかって、営業担当は慌てました。それで急いで制作担当のところへ行きましたが、納期も金額も合わないことが判明しました。

結局その仕事はキャンセルになり、せっかくのチャンスを失いました。結論を出す前の段階で関係者に相談していれば違った結果になっていたかもしれません。自分の力を過信せず、周囲に協力を求めながら仕事を進めていくことが大切です。

会社は1人の力では動きません。色々な役割を持った人たちが協力することで成果は生まれるのです。1人ひとりが責任感を持つことは大切ですが、独りよがりになってはいけないですね。

「自分の力を過信せず、みんなと協力して取り組もう」

問題点を整理する

同じ会社で働いていても、社員の皆さんは役割が違います。1人ひとりが持っている情報も様々です。

もし何か問題が発生したら、各自が持っている情報をいち早く集めることです。みんなの情報が勝手に独り歩きしないように、必ず整理してまとめておくことが重要です。そうしておけば、社内の情報は常に共有されていますので、混乱は起きにくくなります。

ある工事現場で事故が発生したときのことです。

本人はうっかりミスだと報告していましたが、上司は技術不足だったと言い、同僚は経験不足だと話していました。でも、実際には機械の誤作動だったことが後で判明しました。

色々な原因が考えられる中で、真実に行き当たるためには情報の整理が最も重要でした。誰も嘘をついたわけではなく、可能性に言及していただけでした。明確な根拠のない偏った情報に惑わされるのではなく、総合的な立場で判断する必要がありました。それがリーダーの役割です。

後ほど触れますが、リーダーシップはこんなときに役立つスキルです。曖昧な情報に振り回されず、しっかりと裏づけをもって情報を整理することが先決です。本当の問題は何だったのかを発見して解決策を検討するのです。そしてどうするかを決断するのです。

これからリーダーシップを一緒に学んで、是非とも身につけていきましょう。

「リーダーの役割で重要なことは決断することである」

解決方針を固める

問題点が明確になったら、それをどうやって解決（改善）するのかを検討しなければなりません。その際に重要なポイントが３点あります。

①　誰が責任者になるのか

②　いつまでに解決するのか

③　何を以って解決（終了）とするのか

そして関係者全員が歩調を合わせながら解決に向けた取り組みを行います。その際に注意したいことは「傍観者」をつくらないことです。誰かがやるだろうではなく、自分たちで解決するのだという意識が大切です。１人ひとりに当事者意識を持たせることで、言動が積極的になります。そうすれば問題解決もスピーディーに行われるはずです。

ある飲食店で飲物を提供していたところ、誤ってこぼしてしまいました。しかもお客様の洋服まで濡らしてしまいました。担当者は直ぐにその場で謝罪しました。

ただその直後に責任者である店長自らがお詫びに駆け寄りました。そして深々と頭を下げました。明らかに非はお店にありますので、こんなときはとにかく謝ることです。

「大変申し訳ありません。お怪我はありませんか」

「大切な御召し物を汚してしまいました。重ねてお詫び申し上げます」

「宜しければこちらでクリーニング代も持たせていただきます」

十分な対応だったかどうかはわかりませんが、とにかく言い訳をせず謝罪をしていました。幸いなことに、洋服の汚れも軽微だったので事なきをえました。

たまたま傍で見ていたのですが、その店長の対応は素晴らしかったです。

「誰かがやる、ではなく自分がやる」

解決策を実行する

問題を解決する方針が決まっても実行しなければ意味がありません。

では何から始めるか…こんな会社がありました。

その会社は建設会社でしたが、受注が伸びないばかりか、ミスやトラブルが絶えませんでした。そのほとんどは注意力不足から起きたものでした。そこで毎朝朝礼の後でラジオ体操を始めたのです。その先頭に立って行ったのが社長でした。自ら率先して真剣に取り組みました。

ご存知の方も多いと思いますが、ラジオ体操には第一・第二があります（一説には第三も）。

その約10分間のラジオ体操を全力でやっていきました。最初は面倒くさそうにやっていた社員の皆さんも社長の一生懸命な姿に感化されて、いつの間にか真面目に取り組んでいました。それから3か月くらい過ぎた頃でしょうか。徐々に仕事が増え始めました。気がついたらミスやトラブルも減っていました。リーダーが本気でやり続ければ会社は変わると実感した出来事でした。

あるＩＴ企業ではこんなことがありました。そこの創業社長はどちらかというと「来る者拒まず、去る者追わず」という考えの持ち主で、社員はなかなか定着しませんでした。よく言えば「任せる」、悪く言えば「放置する」タイプでした。

そんなあるとき、会社のＮＯ２が一部の社員を引き連れて退職してしまったのです。本人が悪いと言えばそれまでですが、会社の屋台骨を揺るがす一大事です。何とかしなければということで、ある団体で知り合っていた私に相談に来られました。

「思い切って社員全員から無記名でアンケートを取ったらどうですか」

と提案しました。そして実際にやってみました。

すると「会社は自分たちを大事にしていない」「社員を使い捨てにしている」「こんなところで長く働くつもりはない」と言った辛辣なコメントが並びました。このままでは会社がなくなると危機感が芽生えた社長はそれから1人ひとりとじっくり話し合うことにしました。元々スポーツマンで熱血漢でしたので、何とか数年で業績を立て直し、後継者も決めて順調に歩んでいます。

「リーダーが変わればメンバーが変わる、そして会社が変わる」

《第3章のまとめ》

「問題解決能力を向上させる方法」

問題を初診してみる

◇ 先入観を排除してゼロベースで診る。
◇ 主観を入れず客観的に見つめる。
◇ できるだけ多角的に考えてみる。
◇ 根本的な原因まで掘り下げる。

問題の本質を視てみる

◇ 当事者の意見を聞いてみる。
◇ 関係者の考えにも耳を傾ける。
◇ 何が問題の本質なのかを探る。
◇ 思い切って問題の核心に迫っていく。

問題解決に向けて取り組む

◇ 関係者を集めて話を聴く。
◇ 問題点を整理する。
◇ 問題に対する解決方針を決める。
◇ 問題を解決するために行動する。

〔図表５　フレームワークの紹介１〕

問題解決に役立つフレームワーク　その１
「時系列フロー」

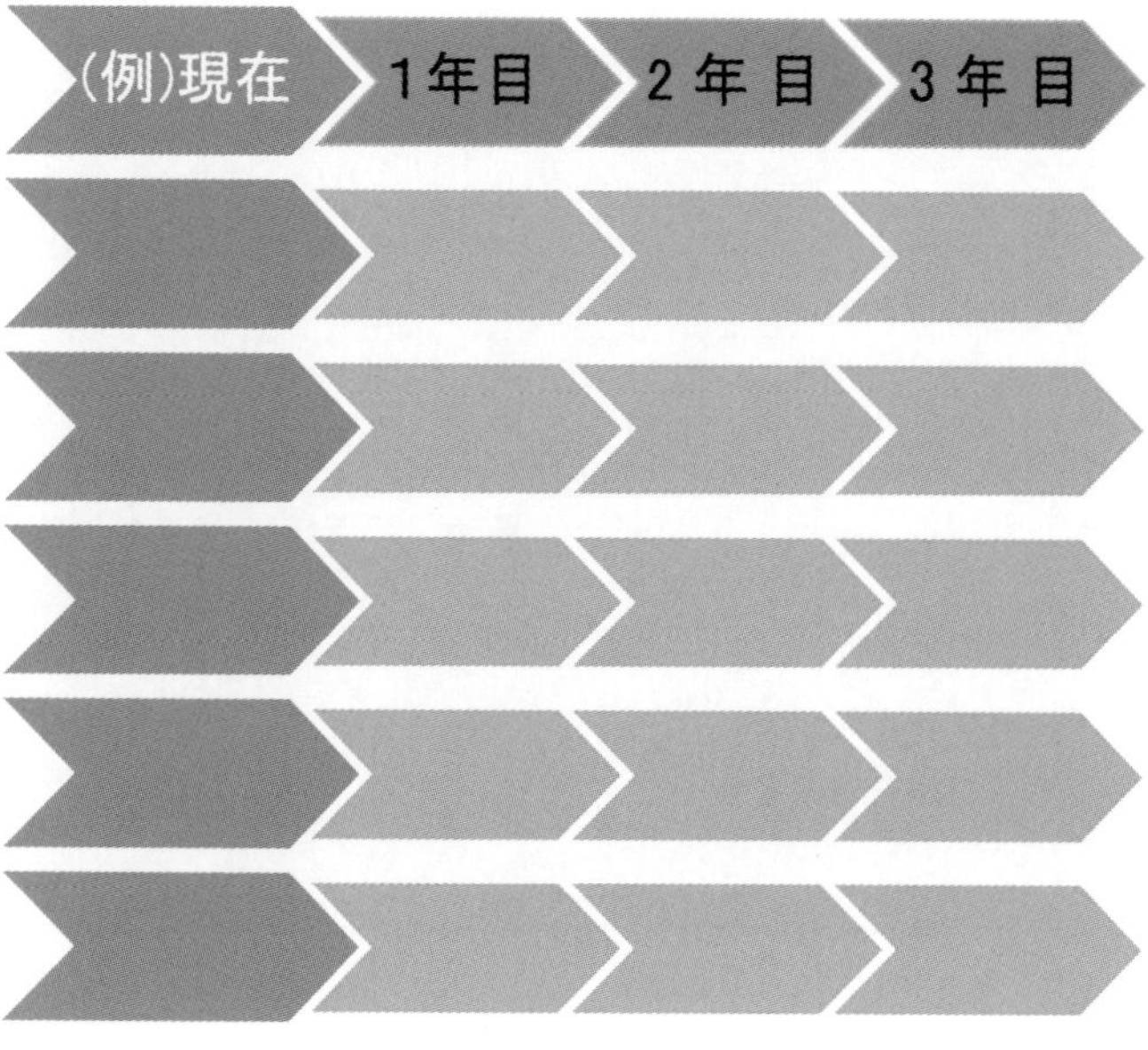

〔図表6　フレームワークの紹介2〕

問題解決に役立つフレームワーク　その2
「分析マトリックス」

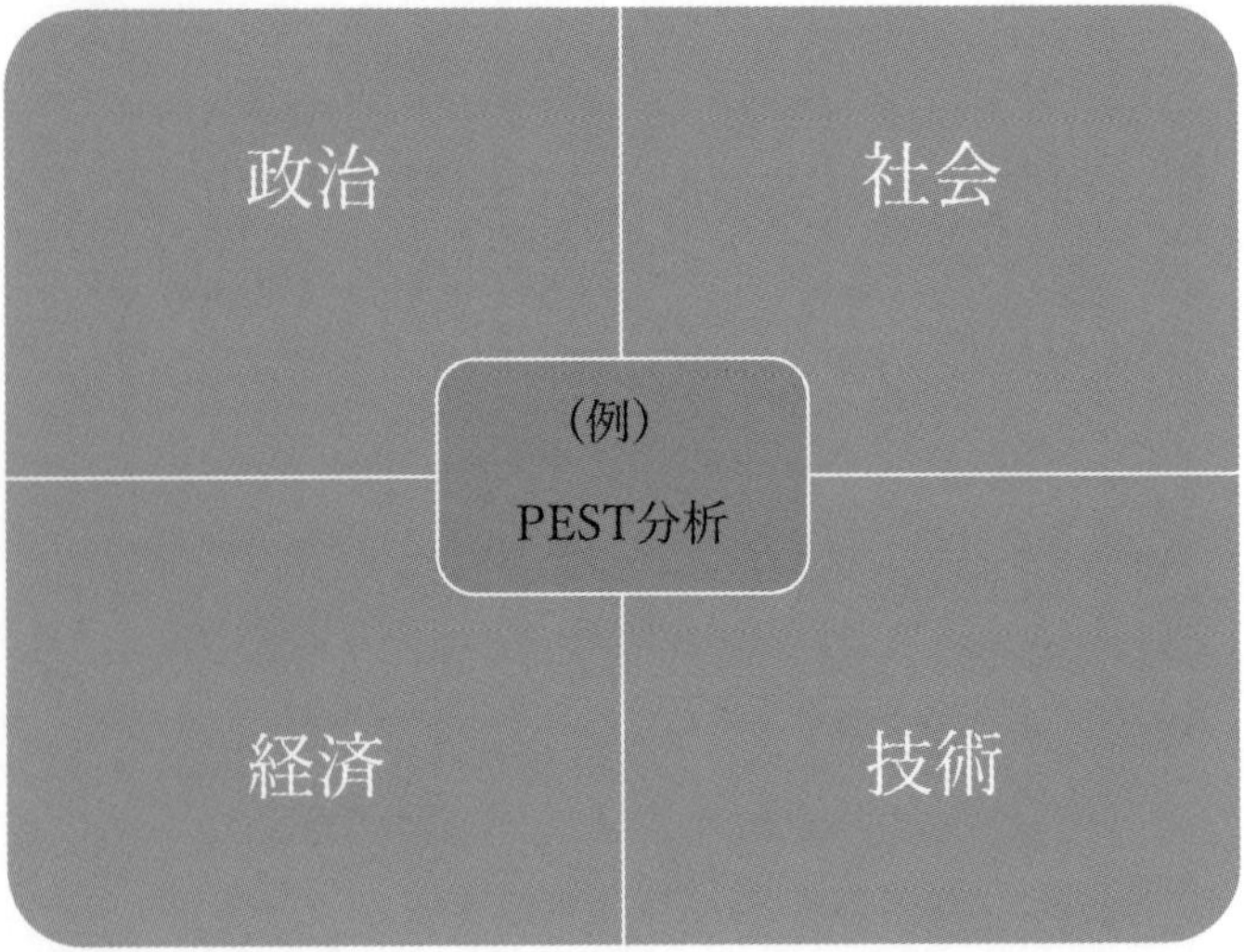

〔図表７　フレームワークの紹介３〕

問題解決に役立つフレームワーク　その３
「階層ロジックツリー」

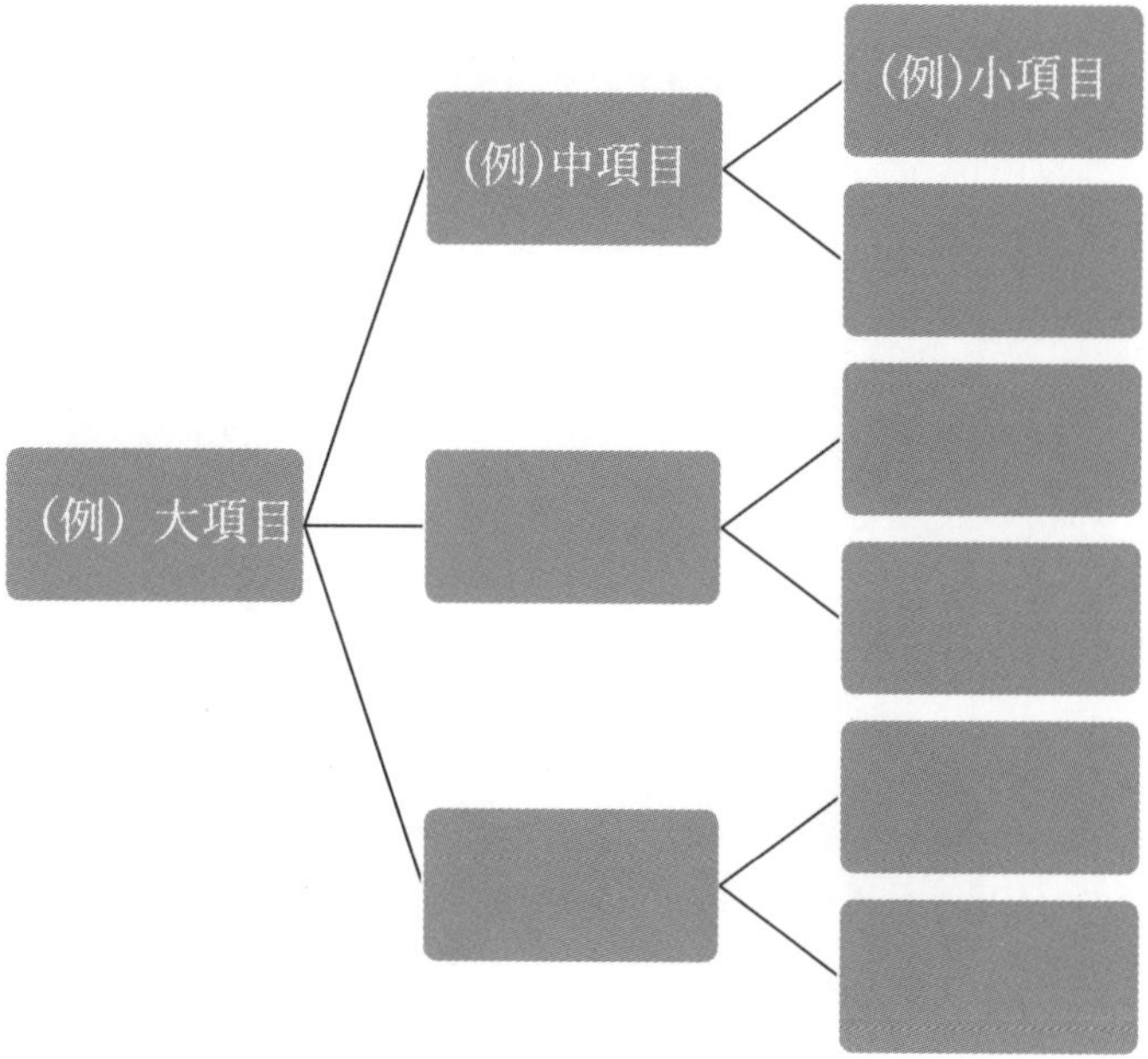

〔図表8　フレームワークの紹介3〕

問題解決に役立つフレームワーク　その4
「循環サークル」

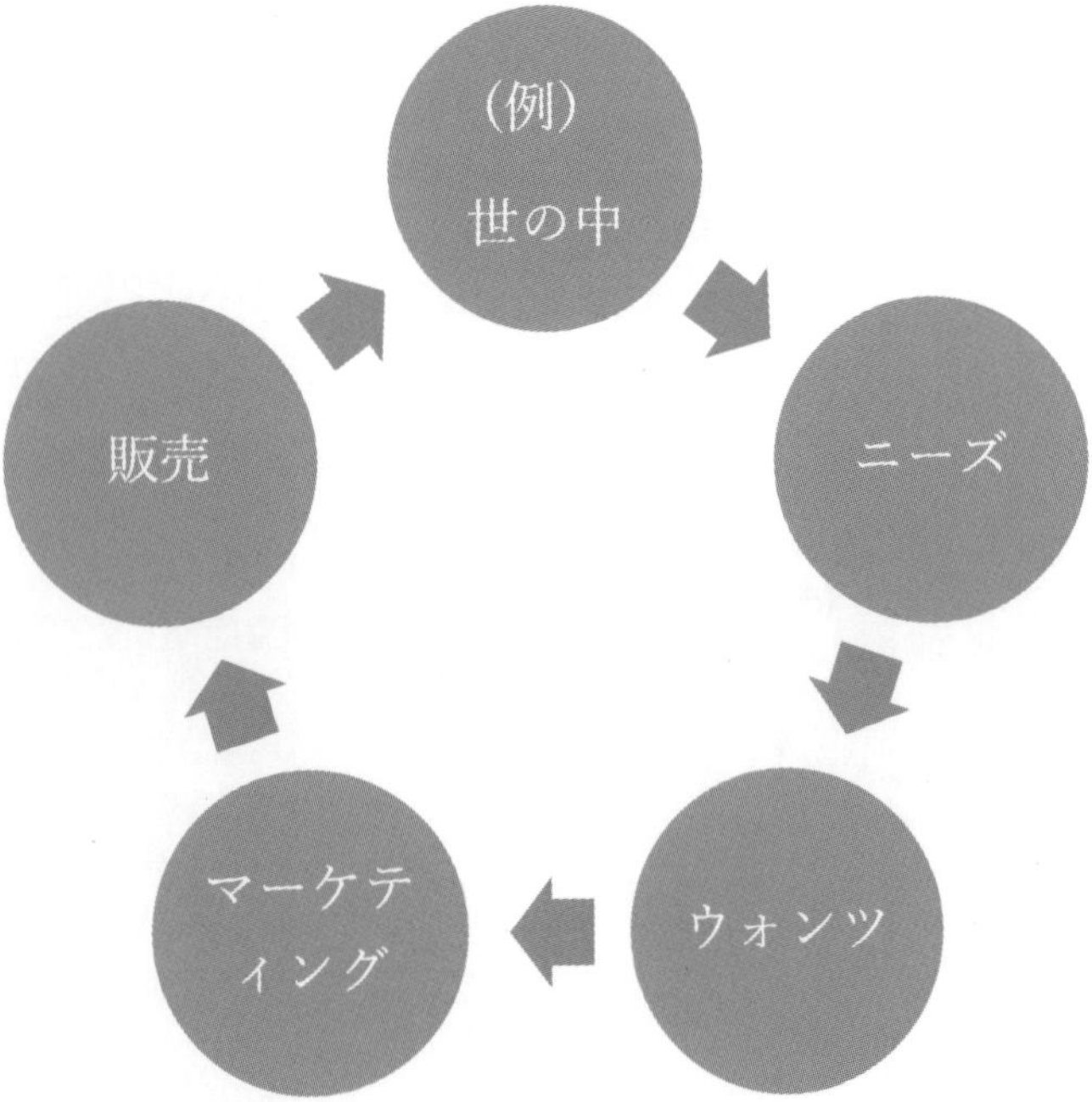

第4章　リーダーシップ力が向上する

1　誰もがリーダー

セルフリーダー

先ずは自分自身を律することが大切です。

私もそうですが、自分のことは棚に上げて人の評価をしてしまいがちです。やはり自分の足元をしっかりさせて、自分に厳しい人間になっていたいものです。取引先に、こんな4人がいました。

1人目は「自分に甘く、人には厳しい人」でした。彼はいつも正論を主張するので、誰も異論を唱えません。整理整頓は大切なことなので、みんなで意識してしっかりやろうと言うのですが、彼が帰った後の机の上は散らかったままでした。そのうち誰も彼の話を真面目に聞かなくなりました。これは仕方ないですね。誰かに何かをやってもらいたいのであれば、先ずは自分から率先してやるべきでしょう。「言動一致」しなければ説得力はないのです。

2人目は「自分に甘く、人にも甘い人」でした。この人はいつもニコニコしていて楽しそうに働いています。そして困っている人がいたら声をかけて助力を申し出ていました。最初の頃はみんないい人だなと思って接していたのですが、いざというときにいなくなるのです。会社の一大事といったトラブルが発生したときに限っていないのです。表面的に取り繕っていただけなのでしょう。いつの間にか「いい人」というより「どうでもいい人」と呼ばれていました。

３人目は「自分に厳しく、人にも厳しい人」でした。毎日誰よりも早く出社して、机を拭いた後、ゴミもまとめて片づけをする人でした。何でも１人で頑張ってやっているようでした。そんなあるとき、遅刻してきた同僚に対して理由も聞かず非難していると聞いて残念に思いました。相手にも色々と事情はあるはずです。そのことに気を配らず一方的に糾弾するのは思いやりに欠けるように思います。恐らく悪気はないのでしょうが、自分の価値観を押しつけていては誰も付いていけないですね。

４人目は「自分に厳しく、人には優しい人」でした。この人は常に仲間のことを考えて行動する人でした。一見すると、いつも忙しそうにしているので話しかけにくい雰囲気があります。実際に色々なことをやっていて、大変な仕事を担当しているのです。でも誰か困っている人を見つけると、自分の手を止めてお手伝いをしていました。恐らく放っておけないのでしょう。周囲の人間は、益々忙しくなるのではないかと心配するのですが、本人はそんなことは意に介さず助けていました。

「あなたはどんなタイプですか？」

リーダーは自らが「率先垂範」する人ではないでしょうか。誰かに言われてやるとか、誰かがやっているからやるではなく、自分で考えて行動する人です。私もそんなリーダーを目指しています。

ペアリーダー

２人になったら、どちらか１人がリーダーになります。

2人ともリーダーになったら、方針が割れたときに決断ができなくなります。やはり最終的な決断をするのがリーダーであり、1人にすべきでしょう。

ただし、どちらか一方が常にリーダーである必要はないかもしれません。例えば、2人で役割分担していた場合などです。その内容によってリーダーが交代することはあるでしょう。

1つ例を上げれば、1人は営業責任者、もう1人は製造責任者である場合などです。問題の内容によっては代わることもあるでしょう。

勿論最終的な経営判断を行う場合は1人のリーダーが決断します。よくリーダーは孤独だと言われますが、それは最終決断を行い、最終責任を負うのがリーダーだからです。普段から精神的にも肉体的にもタフでなければ務まらない役目です。

「リーダーは1人である」

チームリーダー

3人以上では誰かをリーダーにしてまとまる必要があるでしょう。

複数人でチームを構成するということは何か目的があります。その目的を達成するためには、やるべきことを明確にして実行しなければなりません。ただ現実には様々な問題が起きるので、その対処をしたり、対策を講じたりする必要があります。そこで最終的な結論をリーダーが出すのです。

ある会社で新事業を立ち上げるプロジェクトができました。メンバーは3人でした。新しいことを始めるにあたって既存の役職や社歴は関係なくメンバーで話し合ってリーダーを決めました。

誰も経験したことのない事業をやるなら若手のリーダーがいいという結論になって社歴2年の若手社員がリーダーになりました。メンバーは社歴15年の課長、社歴7年の中堅社員です。当初はどうなることかと心配しましたが、約半年の期間を経て新しいサービスの提供が決まりました。

「リーダーは目的を達成するために最も適した人がなる」

全社リーダー

これは言わずと知れた社長のことです。

先ほど触れた通り、リーダーはそのチーム（会社）の目的を達成するために最も適した人がなるべきです。会社であれば社長がリーダーです。

創業社長は名実ともにリーダーです。ところが二代目になると、名前は社長でも実際は直ぐに認めてもらえません。昨日まで部下だった人間が、諸先輩を飛び越えて今日からいきなり社長ですと言われても、なかなか受け入れられないでしょう。

若い二代目社長の奮闘ぶりを伺わせる出来事がありました。

大口取引先へ自社製品を納品したら、大変な不具合が見つかったため、社長自身が出向いて修理を行い謝罪しました。ところが先方の部長は目の前の人間を社長とは知らず、「当社も軽く見られたものですね。こんな大変な問題にも拘らず担当の方が謝罪ですか」と指摘したのです。

もちろん直ぐに社長自身が名乗って事なきを得たのですが、リーダーというのは難しい役目でもあるのです。あとでその社長も「自分の態度が中途半端だったので誠意を感じてもらえなかったのでしょう」と振り返っておられました。名実ともにリーダー（特に社長）になるためには不断の努力と経験が必要だと感じさせる出来事でした。

後継者は人一倍努力しなければ、周りから認められないかもしれません。

「リーダーとは、内部からだけではなく外部からも認められて初めて本物」

2　選ばれるリーダー

なりたいリーダー

私は20歳代の頃にある方のご縁で政治家の秘書をしていたことがあります。そのときに色々な政治家を近くで見ることができました。どんなに政治家になりたいと思っていても、選挙に当選しなければなれません。民意を反映する仕組みがあるので、ただ単に政治家になりたいという願望だけでは政治家にはなれないのです。

ところが中小企業の社長には、なりたい人が誰でもなれます。今の制度であれば誰でも社長になれるのです。自分で会社をつくって、今日から社長だと名乗れば、形だけはリーダーになることはできます。しかし世間から認められるかどうかはわかりません。実際に毎年多くの会社が設立されて、たくさんの社長が誕生します。ただし数年のうちに、その大半は淘汰されていきます。

リーダーになりたいという気持ちは大切です。そこで理想を掲げて前向きに取り組むことは重要ですが、周囲から認められなければ続けることはできません。

「どれだけ周りの意見に耳を傾けられるか」

「どれだけ厳しい意見を受け止められるか」

それが大切な気がします。

なりたいだけではなく、なって欲しいと言われたいですね。

「周囲の人を巻き込むリーダーこそ目標を達成できる」

なって欲しいリーダー

ある会社で大幅な赤字を出している部門を立て直す必要が生じました。そのときに誰をリーダーとして抜擢するかの選択を迫られました。それまで経験豊富なベテランか、他部署の管理職を登用しようと人選を進めていました。ただもっと他に候補者はいないかと考えて、社内アンケートを取りました。すると複数のメンバーから１人の社員の名前が上がりました。普段あまり目立たないのですが、いつも後片づけを最後までやると評判の「中堅社員」でした。

長年赤字が続いていた部門の立て直しには、謙虚さと根気強さが必要です。今までのやり方では駄目なので、まわりの意見を素直に受け止めて、粘り強く取り組むことが求められるからです。知識や経験も大切ですが、ここでは周囲の協力が得られる人材の登用がいいと考えました。

赤字からの脱却は簡単ではありませんでしたが、何とか道を切り拓いて進んでいきました。そして何とか約2年で黒字化できました。みんなの力を結集できたのがよかったのでしょう。これは抜擢されたリーダーがみんなを巻き込んで取り組んだ成果ではないでしょうか。

なって欲しいリーダー、それは周囲の期待に応えられる人であり、最後まで責任を持ってやり遂げられる人です。その「責任感」の有無は日頃の行動から判断できました。

この人なら大丈夫、間違いなくやってくれるという期待感がその人にはありました。だからアンケートで名前が挙がったのです。周りの見る目は確かでした。

「仲間から推薦されるリーダーに改革を託す」

愛されるリーダー

不器用だけど、どこか憎めない人がいます。みなさんの周りにもいませんか?

私の身近にもいました。その人がいると何故か雰囲気が明るくなり、その人が話すと何故か人が集まってくるような人です。逆にその人がいないと何となく暗い、声がしないと寂しく感じるような人です。その人は「総務課長」でした。

恐らくその人は純粋なのでしょう。表裏がなく、素直に感情を出して、いつの間にかみんなの和の中にいます。持って生まれた感性もあるのでしょうが、環境に育まれてきた面もある気がします。

多分愛される人は、相手を大切に思う気持ちが強いのではないでしょうか。

思い返すと、その人はどんなことでも一生懸命でした。手を抜くとか、人任せにするとか、見て見ぬふりをするとかをしないのです。そんな姿はやはり人の心に残ります。その人の周りには自然と人が集まります。いつの間にかリーダーになっている感じです。

彼が困っている姿を見かけると、みんなが手伝います。なぜか放っておけなくなるのです。そこには変な打算もありません。目の前のことを必死にやっている彼を何とか助けようとします。

「そこにいるだけでいい、そんな人になりたい」

でも自分はなれないので、せめてその人と一緒に働きたいと思っている人が多いのでしょうか。

私もその1人です。

「一緒にいたい、共に働きたいと思われるリーダー」

みんなのリーダー

かつて所属していた異業種団体でのことです。

ここの会員はもともと全員社長です。つまり会社に戻ればみんなリーダーです。しかし前述したように、この団体のリーダーは1人であるべきです。そうでなければ意見の相違があったときにまとまらなくなるからです。

「リーダーの中のリーダー」、それはどんな人がなるべきでしょうか。

この団体のリーダーはメンバーの意見を尊重する人でした。自分の考えを押しつけず、メンバーから出た意見はどんな内容でも取り上げていました。そして最後にまとめる段階になって初めて自分の考えを発言していました。決して自分の意見をごり押しせず、できるだけみんなの総意を得ようとしていました。その姿勢がみんなに伝わっていました。

そこには相手に対する尊敬の念があり、同じ目的のもとに集まった同士だという気持ちがあるのでしょう。多少意見の相違があっても、最終的にはリーダーにお任せすることが多かったです。それだけメンバーからの信頼が厚かった気がします。

いつもメンバー1人ひとりと向き合って対話をしていました。些細な疑問にも丁寧に対応し、どんなことでも最後まで聴いていました。だから安心してお任せできたのだと思います。

どんな立場になっても、相手を尊重する気持ちが大切だと気づかされました。

「このリーダーだったら信頼して任せられる」

3　牽引するリーダー

率先するリーダー

創業者であった先代から引き継いで「二代目社長」に就任したHさんは、誰よりも活発に行動しています。元々スポーツマンだったこともあり、ジッとしているのが性に合わないとも話していました。「動きながら考える」タイプです。「考えてから行動する」「考え過ぎて行動しない」人が多い中で、断然スピードが違います。

Ｈさんの周りにはいつも人がいます。何かやっていると自然に人が集まるのです。ほかの誰よりも活発な「行動力」があるから早く結果が出るのでしょう。時々空振りだったり、早すぎたりして、まわりの人間が振り回されることもありますが、やることなすことが明快なのであと腐れもありません。こんなリーダーだったら、まわりは付いていきやすいでしょう。

彼は失敗を恐れず、全力で物事にあたる熱血漢です。そんなリーダーの下には、やはり積極的でポジティブなメンバーが集まってきます。逆に消極的でネガティブな人は離れていきます。何か新しいことをやってくれそうなＨさんと一緒にいると私までワクワクしてきます。

そのＨさんとのお付き合いはいつの間にかもう10年を超えました。社内に限らず社外の方ともご一緒する機会が多いです。そんなＨさんに対して、私にできることは限られていますが、どこまでも応援していきたいリーダーの１人です。

「明るく元気で前向きなリーダーの周りには人が集まる」

交渉するリーダー

どんなに困難な状況になっても諦めないで粘り強く取り組むＡさんは技術者出身です。

思いつきや閃きで判断するのではなく、根拠を示して交渉するのです。「論理的に説明する」タイプです。

どのような立場に置かれても、常に冷静に状況分析をします。そのため周囲はいつも安心して見守ることができます。「石橋を叩いて渡る」とはAさんのことです。

その後、Aさんは「技術部長」から社長に抜擢されました。あるとき取引先の業績が厳しくなり、救済に乗り出そうとしたときがありました。何とかしなければいけない中で、冷静にその取引先の時価評価額を算定させていました。どこまでの価値があるのか、いくらまで支援できるのか、感情に流されることなく客観的な指標で判断しました。

経営者としては当たり前のことなのですが、これがなかなかできそうでできません。Aさんの「判断力」は信用できると確信した出来事でした。

そんなAさんですが、真面目なだけではありません。やると決めたら直ぐに行動するのです。何かあれば全国どこでも飛んで行かれます。

先週は九州だと思ったら、今週は北海道にいるなんてことはよくあることです。冷静に分析しつつ、次には直ぐ行動に移す姿は見ていて頼もしいです。

今後取り組まなければいけないのは、後継者問題ですが、恐らく着々と準備を進めておられるはずです。将来を見通す「先見性」も持ち合わせている方なので、どこかのタイミングで正式に発表されるでしょう。その日を楽しみに待っているつもりです。

「リーダーはどんな状況に置かれても落ち着いて冷静に判断する」

成果を出すリーダー

会社が存続するためには必ず黒字にする必要がある、つまり成果を出さなければいけないと考える「二代目経営者」のIさんと話す機会がありました。これまで何度かあった厳しい環境を乗り越えてきたからこそ、実感がこもっていて「説得力」がありました。

確かに黒字でなければ社員への給与支給、取引先への支払い、自治体への納税が行えず、存在自体が厳しくなります（赤字でも最低限の納税はありますが）。会社を取り巻く人々の生活を守ることもリーダーの役目でしょう。

Iさんは社長になる前は事務所長でした。当時その事務所は他の事務所と比べて立地条件が悪く、なかなか売上が上がりませんでした。人数も少なく、1人で何でもやらなければなりませんでした。それでも弱音を吐かず、懸命に営業開拓を進めていきました。時間はかかりましたが、新しい顧客も獲得して安定した収益を上げるまでに引き上げたのです。

創業者の息子という立場に甘えず、自力で収益向上に努めたのはすごいと思いました。それから社長に就任しましたが、順調に売上を伸ばしていて、着実に成長しています。若手社員も増えていて、どんどん活気づいています。これからが楽しみな会社です。

成果が出たらみんなで分かち合うという方針に共感しています。

Iさんがいつも口にしていることがあります。

「利益が出たら社員の皆さんにしっかり還元（分配）します」

認められるリーダー

友人から紹介されて、Ｆさんと出会ったのはもう10数年前のことです。

当時「営業部長」だったＦさんは、会社の業績を順調に伸ばしていました。その業界が完全な男社会であったにも関らず、女性の営業部長として異彩を放ち、存在感を増していました。それだけでも大変なことなのに、とうとう社長に就任したのです。

今でこそ、このリサイクル（産業廃棄物）業界にも女性社長が出てきていますが、当時はほとんどいませんでした。典型的な３Ｋ（きつい・汚い・危険）職場であり、どちらかというと女性は敬遠する人がほとんどだった気がします。そんな環境にいながらも、周囲から推薦されて社長になりました。

恐らく人には言えない苦労がたくさんあったと思います。それでも臆することなくリーダーになって会社を発展させて来られました。現場が忙しいときはＦさんも作業着を着て分別したり、清掃したりしていました。

勿論社長の仕事はもっと他にあります。社長にしかできない、社長がやらなければいけない仕事があります。ただ少しの時間でも社員と同じ時間を共有することに重きを置いていたのでしょう。

前述しましたが、共通体験することでコミュニケーションが円滑になり信頼関係を築くきっかけになるのです。それをご自身で実践していたのです。

そんなＦさんだったらみんなが付いていくはずです。

「一緒に汗を流してくれるリーダーと働きたい」

余談ですが、Ｆさんとはある約束をしています。

それは過去に私の力不足で失敗した飲食店経営をリベンジすることです。２０１１年に閉店してしまったお店を復活させたいのです。

Ｆさんの周りには多くの協力者がいます。かつて料理補助だった人も今では立派にお店を持っていますし、料理の腕を磨くために海外で修業した人もいます。協力を要請すれば、多くの方々が手を上げてくれると思います。

コロナ禍も落ち着いてきたので、後はタイミングを計ることです。私も場所探しや資金調達など、できることは何でもお手伝いするつもりです。10数年の時間は経過しましたが、逆に多くの知識と経験を積んできました。あのときはできなかったことが、今はできるようになっていることもあります。一緒に汗を流してくれる人だとわかっているからこそ、応援したくなるのです。

更にＦさんが凄いのは決して諦めないところです。一度やってダメでも、必ず再起をかけて取り組もうという姿勢があります。やはりリーダーは常に前向きで、成果を追求し、最後まで挑戦し続ける人であって欲しいです。そんな人であれば周りの人がほうっておきません。

リーダーシップを発揮するためには、まず自分自身が確固たる信念をもって行動し、それを周囲に浸透させていきながら、目標に向かって全力で取り組むことです。そうすればリーダーのところに人が集まり、それぞれが自分の役割を果たすことで、目標を達成できるのではないでしょうか。

《第4章のまとめ》

「リーダーシップ力を向上させる方法」

全員がリーダーだという意識を持つ

◇ リーダーは自ら率先垂範する。
◇ リーダーはいつも決断している。
◇ リーダーは必ず目的を達成する。
◇ リーダーは内外から認められる。

人から選ばれるリーダーになる

◇ 自ら手を上げている。
◇ 最後まで責任を持っている。
◇ 何でも一生懸命やっている。
◇ 常に相手を尊重している。

人を牽引するリーダーになる

◇ 明るく元気で前向きな人。
◇ どんなときでも冷静な人。
◇ 成果を出して分配する人。
◇ みんなと一緒に汗を流す人。

〔図表９　リーダーのためのチェックシート〕

リーダー度をチェックしよう！

経営理念について

1、自分の理解度　　点	（20点）
2、組織の浸透度　　点	（20点）
3、社会へのPR度　　点	（10点）

自分の役割について

1、業績貢献　　点	（20点）
2、部下育成　　点	（20点）
3、社会貢献　　点	（10点）

自己採点　　点	（100点＝理念50点＋役割50点）

総合評価　　点	（100点）　←←←　上司評価

〔図表10　リーダーになる目標シート〕

リーダーがやるべきこと！

リーダーの役割

リーダーの責任

あなたがやるべきこと

理想のリーダー像

第5章　キャリアプランニングする

1　1年後の自分

知識が増えた

社会人になると1年があっという間に過ぎていきます。

自分なりに何か具体的なことを決めて取り組まなければ、だんだん慣れてきて歳だけ重ねていきます。学生時代に知り合った先輩から言われて、そうならないようにと考えました。独身時代、まだ自分のことだけ考えればよいときに知識を増やしたいと思いました。

20代の頃は興味のあること、仕事に関係のあることを身につけようと決めました。

① マリンスポーツが好きだったので小型船舶操縦士の勉強（当時は第4級、今は第2級）

② せっかく海に行くならスキューバーダイビングの勉強（ＰＡＤＩライセンス）

③ 就職が決まったので宅建士の勉強（当時は宅地建物取引主任者）

④ 土地の測量に立ち合う機会があったので測量士の勉強（実際には測量士補）

⑤ 将来の夢である独立に向けて経理の勉強（日商簿記3級、2級は不合格）

毎年1つずつチャレンジしていきました。思い起こせば、その後結婚したり、親になったり、管理者になったりして、時間がつくれなくなったので色々なことを学べてよかったです。

「何となく毎日を過ごすのではなく目的をもって時間を使う」

そんな過ごし方を身につけていきましたので、その後も新しいことや興味のある資格が見つかったときは時間の許す限りチャレンジしています。

30代の頃は結婚して家族も増えましたので、やはり時間をつくるのが難しくなりました。更に仕事も忙しくなったので、複数年かけてダンスインストラクターの勉強をしました。この資格は知識だけではなく、体も使うものでしたので、この時期を逃すと無理だと思って取り組みました。

40代では、独立してコンサルタントになりましたので、仕事関連の知識を学びました。

①　２００８年に環境社会検定（ＥＣＯ検定）

②　２０１３年にメンタルヘルス・マネジメント検定（ラインケアコース）

それぞれ仕事に直結する内容でしたので積極的に学びました。勿論今に活かしています。

その後も色々な分野のことを広く学びたいとアンテナを上げています。

最近は息子の影響（イタリア在住）もあって世界遺産に関する資料や書物を集めていました。するとやはり資格なるものがありました。

「世界遺産検定」です。世界に１１００件以上の世界遺産があるなかで、息子のいるイタリアが国別は最も登録件数が多い（58件）ようです。因みに日本には25件の登録（２０２１年時点）があります。少しだけ知識が増えた気がします。

「いくつになっても好奇心をもって学び続ける」

私が尊敬する禅僧、松原泰道氏（故人）が生前に語られた私の座右の銘で次の言葉があります。

「生涯修行、臨終定年」↓↓↓私の座右の銘

参考文献「きょうの杖言葉」「日本人への遺言」松原泰道著
参考文献「感謝にまさる能力なし」石川洋著

経験を積んだ

前述しましたが、私の社会人スタートは不動産会社の営業マンでした。人付き合いが苦手な私にとって、毎日が苦痛でした。相手との会話が続かないので、一方的に不動産の説明ばかりしていました。自分に自信がないので、必死で詰め込んだ知識を押し付けていました。

当然ですが、営業成績は上がらず、毎月の営業会議では上司から叱られ（そんなに厳しくはなかった）、悶々とした日々を過ごしました。同期の人間は着々と契約をしているのに、私は10か月も売上がありませんでした、何度辞めようと思ったかわかりません。

あるとき会社の先輩がテレクラ（今はあまり聞きません）という電話専用のクラブにつれて行ってくれました。私が暗く悩んでいるのを見かねて誘ってくれたのでしょう。そこでは外からかかってくる電話をいち早く取って、会う約束を取り付けるのです。遊び感覚で軽く考えていたのですが、これがとても難しいのです。

こちらの話がつまらないと直ぐに切られてしまいます。1時間はいたでしょうか。10件くらい電話を受けましたが、全くアポイントは取れませんでした。先輩はちゃっかり約束を取り付けていま

した。その後進展があったかどうかはわかりませんが。

そのときに痛感したことがあります。知識だけ詰め込んでも、相手に興味がないことだと話は聞いてもらえないという現実です。とても情けなかったことを覚えています。それから先輩にセールストークの練習をお願いして、毎日トレーニングを繰り返し、少しずつ対話ができるようになりました。

このときの経験がその後の仕事にも役に立ちました。営業以外にも、個人面談、打ち合わせ、会議、研修、セミナーなど人との交流に活かすことができています。ただし、まだまだ発展途上です。

その先輩には本当に感謝しています。

「自分が話をするのではなく、人に話をしてもらおう」

自信がついた

1年という期間は長いようで短いです。

何もしないでいても1年は過ぎていきます。そのうちやろうと思っていると、1年は終わっていますので、何か具体的な目標を持つのがいいです。先ほど触れたように、資格取得に関しても1年以内に結果が出たほうがモチベーションは持続しやすいです。

もちろん弁護士や司法書士、税理士や公認会計士などの難関資格はなかなか1年では合格が難しいですので長期戦にはなるでしょう。それでも模擬試験や公開テストで毎年自分のレベルを確認するのがよい気がします。特に仕事をしながらの試験勉強は大変です。

それから会社は決算という区切りが1年ごとにきます。それに合わせて人事評価をする会社が多いので、昇給・昇格の対象になれば自信がつきます。私もこんな経験があります。

前述しましたが、私の不動産会社時代は営業成績が振るわず、いつも日陰もののように会議では後ろのほうで小さくなっていました。

でも、コツコツやっていたら、中年のご夫婦から問い合わせがあって土地の売却をお手伝いすることになりました。それは相続による遺産分割でした。

神奈川県内のある市役所近くにある広い土地でした。ただ現況を見に行くと豚舎が立っていました。「これは結構大変だな」と感じました。

実際に調べてみると、色々な法律の規制がかかっていて手続も複雑でした。でも私に託された仕事だと思って半年以上買い手を探し続けました。中には少し危ない人もいましたが、何とか10か月後に某建売業者さんが購入されました。

そのときのご夫婦の喜びようは今でも忘れません。あとで聞いた話ですが、他の不動産会社は途中で諦めていたそうです。本当によかったと思いました。そして、その結果が会社にも評価されました。どちらかというと、うだつの上がらないダメ営業マンだった私が、その年の第4四半期の売上で何と社内NO1になったのです。嬉しかったです。

これなら私もこの業界でやっていけると思いました。私の大好きな言葉を紹介しておきます。

「念ずれば花ひらく」　↓↓↓　詩人・坂村真民さんの言葉

やる気が高まった

不動産会社に就職して8年目のときに「主任」になりました。それほど実績もないときでしたが、他社との共同事業に関わることになったので、恐らく対外的な措置だったように思いました。

でも、私個人は俄然やる気になりました。「地位が人を育てる」という言葉を聞いたことがありますが、まさにそれでした。

もちろん成果を出さなければ会社に申し訳ないという気持ちになりましたが、それ以上に自分自身もチャンスをもらったのだから頑張らなければいけないと必死に取り組みました。

このときはスタッフに恵まれたこともあり、1年で成果を出すことができました。

日頃あまり出世とか関心がないほうでしたが、それでも役職をもらうとモチベーションは上がります。対外的には「チーフ」となっていましたので、かなりプレッシャーもありましたが、「他社になんか負けるものか」という競争心理も働きました。そこにはほぼ1年いましたが、一緒に働いた仲間とは今でも年賀状のやり取りをしています。

「何苦礎（なにくそ）」…「何」でも「苦」しんでこそ「礎」になる

造語ですが大切にしている考え方です。

2　3年後の自分

1人で任された

これまで1年という期間での取り組みを紹介してきました。

ただ難易度が上がったり、規模が大きくなったりすると、1年で成果を出すのは難しくなります。ある大規模新築マンション（総戸数約３００戸）の販売を任されたことがあります。プランは決まっていたのですが、販売方法は私が考えなければいけません。広告・宣伝・価格・戸数・時期など色々なことを決めていかなければなりませんでした。

そこで最初に取り掛かったのはメンバーの人選です。上司に掛け合って、スタッフは私の希望を極力尊重してもらいたいと直談判しました。私自身に知識や経験がない分野に関しては、仲間の力を借りたいと思ったからです。大げさかもしれませんが、社運のかかった案件だと思っていました。

そして主要部分の担当5名、そのサポートをするスタッフを8名、合計13名で販売を開始しました。ちょうど住宅ローン金利が下がるとか、最寄駅が始発になるとか、プラス材料にも恵まれて約3年で完売しました。これは本当に自信になりました。

当然自分だけの力ではないのですが、何とか結果を出せたことに安堵しました。後に続くプロジェクトは主要メンバーに引き継いて、私は販売担当責任者を下りました。このときは寝食を忘れるくらい必死になってやっていたので、3年という月日はあっという間でした。
私を信じて任せてくれた上司（前述のCさん）には、今でも心から感謝しています。
「自分を信じて任せてくれた人の期待に応える」

部下に頼られた

コンサルタント会社時代のことです。転職して約3年になり、研修は任せてもらえるようになっていました。次にやることは新しい研修講師を育てることでした。私よりも一回り若いスタッフを育成しようと考えて、事前準備を整えた後はそのスタッフに任せることにしました。既にアシスタントとしての経験は積み重ねていましたし、ある程度の実績も出てきていたからです。ここは思い切って任せてみようと決断しました。

ところが少し癖のある受講生と口論になり、研修が中断する事態となりました。それでも彼を信じてしばらくは様子を見ていました。ただ時間にも限りがあり、他の受講生のことも考えたのか、彼から私にSOSのサインが届きました。

恐らく時間をかければ自力で解決したと思いますが、彼のサインを尊重して協力することにしました。人が変わると雰囲気も変わります。その効果もあって軌道修正ができました。彼の決断がよかったのです。と同時に私を頼ってくれたことも嬉しかったです。

とかく研修講師は「先生」と呼ばれて、自分は何でもできると勘違いする人がいます。そうではなく、その場を冷静に分析して、私を活用するという選択をしました。それが一番いいと考えたからでしょう。

いざというときに頼りにされる、これは本当に信頼関係がなければできないことです。ただ私の役目は彼の代わりになることではなく、彼が研修を円滑に続けるように場を整えることでした。ですから一時的な緩衝材にはなりましたが、落ち着いたところで彼にバトンを戻しました。

当事者になると周りが見えなくなることはあります。それは私も経験したことがあります。だからこそ選択肢はあったほうがよいのです。別の研修では彼に雰囲気を変えてもらって助かったことがありました。持ちつ持たれつでしょう。

「この人なら安心して任せられる、または任せてもらえる」

上司に認められた

私がライフワークと定めた「人材教育」は、本来は「人財共育」なのです。

「人財共育」という熟語は常用漢字にはありませんが、共に育つという考え方を基本にしています。私がかつて所属していた東京中小企業家同友会という経営者の団体は、この「共に育つ」を標榜しているところです。ここで私も約12年間学ばせていただきました。

本来人間はすべて対等であり、社長と社員、上司と部下、先輩と後輩、という関係であってもお互い人として尊重し合う関係なのです。コンサルタント会社時代に「人材教育」と出合い、そのことを最も意識していたときに「人財共育」という言葉に出合ったのです。

結局コンサルタント会社には約４年いました。とにかく人を育てることに注力し、その分野を発展進化させたことが評価されて、役員に抜擢されました。この人事を聞いたときは、さすがに私自身が驚きました。期間は短かったのですが、上司(前述のNさん)に認められたのだと理解しました。

その頃に出合った詩があります。

既に紹介しました相田みつをさん（故人）の「本気」という詩です。因みに彼が残した詩や書には、東京・有楽町にある「相田みつを美術館」で触れることができます。

「なんでもいいからさ　本気でやってごらん
本気でやれば楽しいから　本気でやればつかれないから
つかれても　つかれがさわやかだから」

参考文献「ことばに生かされて」相田みつを美術館監修

顧客から褒められた

コンサルタントとして独立してから10年ほどたった頃のことです。

私は相変わらず貧乏暇なしを地で行く毎日を過ごしていました。ご相談いただいた案件はできるだけお受けしていました。さすがに専門外の仕事は知人を紹介するか、お断りしていましたが。

その頃は地方の会社からの依頼も積極的に受けていました。ただ移動時間の確保が大変で、結構スケジュールを組むのに苦心していました。今でもあると思いますが、東京（新宿）初の夜行バスは22時頃に出発します。そのバスは翌日早朝6時に大阪（なんば）に着きます。そうすれば朝8時からの取引先の朝礼に間に合います。あるときは山口（岩国）の会社に行くために、10時間以上バスに乗っていたこともあります。

でも、こんな生活を何年も続けていては身体に無理が出てきます。とうとう体が悲鳴を上げてしまいました。どこかで感染したのでしょう、「肺結核」に罹ってしまいました（今のコロナ感染症のような病気です）。2014年のことでした（62ページ参照）。

このときは家族を始め、取引先の方々に多大なご迷惑とご心配をかけてしまいました。自己管理能力の欠如でした。本当に申し訳なく思っています。ただ医学の進歩と病院施設のお陰で、何とか半年で退院（その後は自宅療養）することができました。当時お世話になりました病院、保健所の方々には心から感謝しています。

問題は退院後にも待っていました。当たり前ですが、入院中は仕事ができず、収入はほとんど途絶えました。元々そんなに収入があるわけでもなく、ギリギリで生活していましたので、各種支払いが大変でした。特にマンションの住宅ローン、事務所の家賃、それに生活費です。

でも「捨てる神あれば拾う神あり」という言葉もある通り、友人の生命保険会社にかけてあった入院保険のお陰で、何とか破産は免れました。

それでも結局マンションは手放し、事務所も閉めて、小さなアパートから再出発することになりました。そんな慌ただしい日々を過ごしているときに、かつての取引先から連絡がありました。「入院したと聞いたよ。うち（山口の会社）のために苦労を掛けたようだね。おかげさまで業績も回復してきたので、元気になったらまた来てくれないか」と言われました。心底嬉しかったです。その後、この会社は世代交代などがあり、しばらく疎遠になっていましたが、また数年ぶりに復活しています。足掛け15年にもなるお付き合いは私の宝物です。

「良縁善果」私の好きな言葉です。

3　なりたい自分

自立した社会人

私の父は、約50年の社会人生活をサラリーマンで過ごしました。

大正14年生まれの父は、太平洋戦争の終戦を被爆地広島で迎えました。20歳でした。平成23年に85歳で旅立つまで、ほとんど戦争中のことを話しませんでした。恐らく話したくなかったのだと思います。今でこそ「被爆者」という言葉は普通に語られていますが、当時は大変な差別があったと後で知りました。因みに私も「被爆者二世」だそうです。

原爆で家族を失い、たった１人になった父は、山口県岩国市にある米軍基地でボーイとして働いていたと遠い親戚から聞きました。これも亡くなった後のことです。人に言えないような苦しみを抱えながら戦後を生き抜いた父を知らず、学生時代は軽蔑していました。

サラリーマンになっても高専（専門学校）しか出ていない父は、部下や後輩たちに追い越されて出世できなかったからです。

「結婚するときに仲人をした部下が、先日部長になったよ」

と嬉しそうに話している父は、当時「課長」でした。何も知らない私は、絶対にサラリーマンにだけはならないと決意していました。

終戦後の父は、学費どころか生活費も自分で稼がなければならず、日中働きながら夜間専門学校に通っていたのです。原爆の爆心地から約３００メートルのところにあった家は跡形もなくなっていたようです。何もかも失った父は、必死で働いて、必死で勉強して、サラリーマンになったのです。今更ですが、今では父のことを誇りに思っています。

実は、私の本籍地が実在しない住所だと知ったのは大学に入学するときでした。戸籍証明書が必要だったので、初めて自分で市役所へ取りに行きました。何故か現住所ではなく、別の場所だったので母に聞きました。そこで本籍地がかつて父の実家があった場所だと知りました。今も私の本籍地はそこになっています。これは特例なのかもしれません。

父は亡くなるまでほとんど戦争のことは話しませんでしたが、本籍地がそのままだということは、いつかそこ（実際にはその辺り）に家を再興したいと思っていた気がします。果たして私の力で父の実家が再興できるかどうかはわかりません。でもその思いは受け継いでおきたいです。次に帰省したときには本籍地のあった辺りに立ち寄ってみたいと思います。

何だかんだと父を軽蔑して、偉そうなことを言っていながら、結局社会人のスタートは前述した通りサラリーマンでした。成果の上がらないダメ営業マンでしたが、多くの先輩・上司に助けられながら社会人としての経験を積んでいきました。

「自分に甘く、人には厳しい」（76ページ参照）

今思い返すだけでも恥ずかしくなります。

こんな私が理想の社会人像を語る資格はないのですが、敢えて申し上げるなら父のように家族のため、社会のために、一本筋を通した生き方をする人ではないでしょうか。

「自分に厳しく、人には優しい」（77ページ参照）

少し身内びいきになってしまいましたが、私が考える自立した社会人像です。もし再び父と話せるならば、感謝の気持ちを伝えたいです。

責任ある管理職

私が考える管理職の責任は大きく2つあります（20ページ参照）。

①　業績責任

②　育成責任

もちろんその範囲は立場によって異なりますが、どちらも欠かすことのできない重要な役割でしょう。取引先の事例をいくつか紹介します。

その1「業績責任は果たすけれど、部下育成はしない」

自分1人で売上の半分を担っている人でした。とても能力が高く、頭の回転も速いので、仕事が集まってきて年々負担が増して行きました。責任感の強い人でしたから、すべて自分で抱えて仕事に没頭していました。しかしついに体を壊して退職しました。とても残念でした。

本人がよく口にしていた言葉が「人に任せるよりも、自分がやったほうが速い」というものでした。ただ人間の体力には限界があります。それに年々齢を重ねると心身ともに衰えてきます。いつかは次の世代にバトンタッチするのだという気持ちは持ち続けていたいものです。

その2「業績も、部下育成もみんなでやればよい」

一見よさそうに見えますが、責任の所在が曖昧です。ここは管理職がリーダーシップを発揮して、最後まで責任を持つことが重要です。

結局すべてのことが中途半端になり、何も成果を生み出さなかった会社を知っています。その会社はもうありません。

その3「業績責任を果たすために、一部の部下育成を行う」

この会社は個人のスキルに依存して、業績を上げようとしていました。つまり業績貢献しそうな人だけ育てていきました。

すると組織内は二極化してしまって、1年目はよかったのですが、2年目には組織がガタガタになって業績は急降下しました。内部分裂してしまったのです。同じ組織であればお互いが協力し合わなければ、業績は安定しないのです。

その4「部下育成を通じて、業績責任を果たす」

この考え方はある意味で正しいと思いますが、問題もありました。

その会社は部下育成に時間がかかりすぎて、結局その年は業績責任を果たせませんでした。ここで考えさせられたことは、業績と部下育成のバランスです。どちらかに偏り過ぎると管理職の2つの責任が同時に果たせないのです。とても難しい問題ですが、改めて自分の会社を見つめてみてはどうでしょうか。

「1つとして同じ会社はないので、自社に合った管理職を目指そう」

信頼されるリーダー

ここからご紹介したいのは後継者です。

創業者が信頼されるのはある意味で当たり前かもしれません。自分の力で会社を興し、社員を育て、発展させてきたからです。しかし後継者はそうではありません。どちらかというと、先代がお膳立てした会社をそのまま引き継ぐ形が多いです。多くの場合、最初は信頼されるのが難しいのではないでしょうか。それでも懸命に努力してリーダー（社長）になった方を紹介します。

既に第4章で紹介した方々も信頼されるリーダーですが、ここでは更に2名を追加します。

1人目はIT企業の社長です。

その方（Sさん）は創業者と共に会社を立ち上げたのですが、常に裏方に徹して創業者を支えていました。技術者としても一流だったSさんは、元々社長になるつもりはなかったようです。ところがあるとき、創業者から会社を受け継いで欲しいと言われて、相当悩んだみたいでした。それでも決断したのは社員とその家族を考えてのことです。

それだけでも大変なことですが、更にSさんは、後継者難に陥っている同業他社まで引き受けたのです。普通に考えても、自分の会社で精一杯な状況です。それでも窮状に手を差しのべる決意は本当にすごいと思いました。その後その会社はしっかり継続し、更に発展しています。後ほど事例紹介でも触れますが、Sさんこそ本物のリーダーです。

2人目は保険代理店の社長です。

彼（Kさん）は私と同世代だったこともあり親しくしていました。長年その業界で営業の最前線にいましたので、お客様からの信頼は厚かったようです。そのまま定年まで過ごすものと思っていました。ところが突然社長が脳梗塞で倒れて、Kさんに白羽の矢が立ちました。当初は随分悩まれたようですが、最後は決断されました。

今ではしっかりその責任を全うして収益を上げておられます。私にとってはかけがえのない友人であり、尊敬するリーダーの1人です。Kさんのことも後ほど事例紹介します。

余談ですがKさんの趣味は釣りです。彼が釣ってきたアジ・キスは格別なので、その時期が来たらそれを肴に一杯飲むのも楽しみの1つです。

「誰もが応援したくなる、みんなが協力したくなるリーダーになろう」

一流と呼ばれる経営者

ここまで多くの経営者を紹介してきました。どなたも素晴らしい方々です。そんな方々とのご縁は私にとってかけがえのない財産です。これからも大切にしていきます。

最後は「私がなりたい（目指したい）経営者」像を考えてみたいと思います。いい機会なので一般的に評価される基準を参考にしながら比較していきます。

第一は「会社の規模」です。

確かに規模が大きくなると多くの人材にも恵まれて、色々な事業を幅広く行うことができる気がします。資金も潤沢にあり、投資もしやすくなります。しかし変化の速い現代においては、あまり大きくなりすぎると軌道修正が難しくなります。ではどのくらいの規模がよいのか？

「会社の器は社長の器」という言葉もよく耳にします。それに1人の人間が管理できる人数にも限りがあるように思います。何か新しいことを始めるのであれば「5人」位が適正ではないでしょうか。これは大企業であっても5人単位でまとめていくのがよいと考えます。いかがでしょう。

第二は「やりがい」です。

時代と共に業界の勢力図が変わります。私が社会人になった40年前は不動産業界、その後ＩＴ業界、そして最近は環境ビジネスでしょうか。ただ今は便利なツール（例えばスマホ）があるので、業界の垣根は下がってきています。そんな中で、私が一番危機感を持っているのは教育業界です。とても便利な世の中になったので、人と交わらなくても生きていけるかもしれません。でもそれでは社会が暗くなってしまいます。私が取り組みたいのは「コミュニティー創り」です。

誰もが安心して集まれる（働ける）場所を創ることが大切だと思っています。このところよく取り上げられている「心理的安全性」が確保されている場所のことです。

「現代版の寺子屋」（36ページ参照）

人が人として自然体でいられる場所を提供できれば、色々なアイデアも出るだろうし、新しい仕事が生まれるのではないでしょうか。これは私のライフワークと言ってもいいかもしれません。

第三は「永続する会社」です。

日本は世界に誇る長寿企業大国です。１００年、２００年企業がたくさんあります。それはなぜなのかを考えました。それは「変わらない理念」と「変わりゆく仕事」ではないでしょうか。

会社には実現しなければいけない「目的」があります。その考え方を示したものが「理念」、その実践的な取り組みが「仕事」です。その組み合わせがしっかりできているからこそ、時代の変化に対応して存続しているのです。社会から必要とされる限り、その会社は続くはずです。

最後は「後継者の育成」です。

会社が存続するためには経営者が必要です。人の命には限りがあるので、経営者の最大の役目は後継者を決めることです。これは経営者になった瞬間から発生すると言っても過言ではありません。何故なら人はいつ死ぬか誰もわからないからです。これが一番難しいことかもしれません。

以上が私の考える「一流と呼びたい経営者」です。一般的な「一流と呼ばれる経営者」とは少し異なるかもしれませんが、やみくもに規模を拡大するとか、単に上場を目指すとかではなく、しっかりした経営理念の下で、社員や家族を守り育てる経営者を一流と呼びたいです。

「自分の器に合った規模で、安心して働ける場所を提供し、後継者も決まっている会社の経営者」

実際にこんな会社がありました。

ある地方都市で小さな工務店を経営していた創業者が、28歳の息子に社長を譲りました。一見頼りなさそうでしたが、確かな技術と正確な知識を習得していたので、社員の方々は彼についていくことにしました。

それから20年の月日が流れましたが、今では会社が3倍の規模になりました。社長の成長と共に会社も成長してきました。当時から勤めている社員に「なぜついていく決心をしたのですか」と尋ねました。すると以下の返事がありました。

「一番若い人が社長なら、会社は長く続くと思った」

「この社長ならこれから新しいことをやってくれそうな気がした」

社員の皆さんは自分の将来を会社に重ねています。後継者が安心できる人であれば、年齢や規模に関係なく社員は付いていくのだと実感する出来事でした。

《第5章のまとめ》

「キャリアプランニングする方法」

1年後をプランニングする

◇ 毎年1つずつチャレンジする。
◇ たくさんの人と対話する。
◇ 会社は1年ごとに評価される。
◇ 与えられたチャンスは全力でやる。

3年後をプランニングする

◇ 任されたらやってみる。
◇ 頼られたらやってみる。
◇ 3年やれば成果が出る。
◇ 捨てる神あれば拾う神あり。

なりたい自分になる

◇ 自立した社会人。
◇ 責任ある管理職。
◇ 信頼される後継者。
◇ 一流と呼ばれる経営者。

〔図表11　キャリアプランニングの準備シート〕

大切なものを探してみる！

1, 自分のこと

2, 家族のこと

3, 友人のこと

4, 学びのこと

5, 社会のこと

6, 交流のこと

7, 趣味のこと

8, 身体のこと

9, 心のこと

10, お金のこと

（その他）

一番大切なもの
（大切な人）

〔図表 12　キャリアプランニングの目標シート〕

なりたい自分になる！

西暦　　　年　　　月　　　日　　　氏名

1年後の自分　　　西暦　　　年

3年後の自分　　　西暦　　　年

なりたい自分　　　西暦　　　年

≪あなたの理想の姿≫

〔図表13　私のキャリアプラン（旗印）〕

近江聖人「中江藤樹」の藤樹書院
史跡地に残る石碑

〔図表14　私のキャリアプラン（目標）〕

近江聖人「中江藤樹」の藤樹書院（復元版）

私の夢は現代版の寺子屋を創設すること

企業事例集

第1章の事例紹介

①　100年企業に見る理念の重要性

2017年のことです。東京都の外郭団体が主催する異業種交流会で事業承継をテーマとしたセミナーを担当しました。そこに参加している企業のほとんどは中小企業でしたので、事業承継は重要課題の1つでした。私が紹介した親族承継や株譲渡問題などを10数社の経営者が熱心に聞いておられました。

そのセミナーが終了したあと、ある製造業の会社から相談を受けました。声をかけてこられた方（Yさん）は当時専務でしたが、次期社長（四代目）になることが決まっているとのことでした。長年三代目社長の右腕として会社を支えてこられたのですが、その社長（Yさんの親族）ご自身が交代を決断されたようでした。

この会社は東京都内で100年以上続いている老舗企業です。長年地元にも密着して活動しており、近隣との関係はとても良好なようです。周辺には徐々に分譲マンションや賃貸アパートなどの住宅が増えてきている中で、工場を維持できるのも地域に溶け込んでいるからでしょう。

創業当時は鉄工会社として製缶・機械加工を行っていましたが、時代と共に変化して成長してきました。今では様々な分野の製品を製造・加工しています。また自社の工場跡地を福祉施設に提供して、社会貢献にも努めています。更に地域住民との交流事業として、親子でものづくりを行う体験イベントまで企画・実施しています。

また地域の組合、商店会、金融機関などとの関係も大切にしていて、各種行事には積極的に参加しているのも素晴らしいです。私も一度だけ鉄工業のお祭りである「鞴祭り《ふいごまつ》」の神事に参加したことがあります。鍛冶屋の火を起こす道具を祭る大切な行事だと伺いました。

このような事業展開の根底にあるのが経営理念です。

「一隅を照らす」

この言葉に会社の思いが凝縮されています。

この会社は環境と調和しながら、「一隅から千里を照らす」ために、たゆまぬ革新を続け、社会へ安全と健康を提供することを目指しているのです。これからも時代の変化に対応して、新しい事業にも進出していくと思いますが、その根底にはこの考えが常に流れていくことでしょう。

「人は代われども確固たる理念があれば会社は永続する」

時間が経つのは早いものです。第四代社長として活躍されたＹさんから、第五代社長にバトンが渡されました。Ｙさんが約５年に亘って取り組んできた地域貢献活動が評価されて、先般東京都の特別区からブランド認定を受けています。社会的な存在感が増してきた証拠でしょう。

また新しい人の採用も積極的に進めています。常に先を見据えて世代交代も視野に入れているのです。この会社はこれからも地域と共に発展していくことでしょう。いつか２００年企業になるのも夢ではない気がします。

日本の中小企業の強さを垣間見た出来事でした。

第2章の事例紹介
② ITサービス業で重視するコミュニケーション

東京にある経営者の団体で定例の勉強会に参加していました。

そのときに知り合った女性経営者（Jさん）から後継者問題の相談を受けました。約15年前に情報サービス会社の方（会長）と2人で創業していました。順調に業績を伸ばして来られましたが、残念ながら後継者を育成できていませんでした。既に会長は75歳、Jさんも60代後半になっていて、将来に不安を感じ始めていたのです。

そこで私は同業他社に提携を打診することにしました。たまたま同業者の方を数名知っていたからです。そのときに気をつけたのは「経営者同士の相性」です。会社の将来をどのように考えているのかが重要だと考えました。そこで何人かの経営者をJさんに引き合わせました。

その中から40代の経営者（Sさん）を選びました（110ページ参照）。

お2人の会社に対する思い、社員に対する愛情、業界に関する認識がある程度一致していました。

ただそれだけでは不十分です。やはりこれから一緒に働く社員同士の相性も忘れてはいけないからです。

次は「幹部社員間の交流」を図りました。業務内容は似通っているのですが、社員同士のコミュニケーションは取れていない状況でした。今後一緒に働く相手のことを知らなければ、業務は円滑に進まないとの心配もありました。そこで先ずは月1回幹部が集まることにしました。

そしてお互いの仕事や部下のことを共有しました。少し時間はかかりましたが、お互いの会社を現場レベルでも合わせていくことができました。

最後は全社員の交流です。会社の歴史も取引先も異なる会社同士が一緒に仕事をするのは簡単ではありませんでした。あまり堅苦しくないように、食事会やバーベキュー大会、更にボーリング大会などのレクリエーションを企画しました。こちらも時間をかけて取り組んでいくうちに徐々にお互いが打ち解けていくようになりました。

「人の問題を解決せずして会社の発展はない」

文化の違う2つの会社が一緒に働くということは、経営者同士、幹部社員同士、そして全社員同士が相手を受け入れる気持ちを持つということです。自分のやり方を押しつける、自社の考え方を強要する、どちらかが上に立つ、ではなく相互の協力関係が必要なのではないでしょうか。

その後Jさんは、Sさんに経営権を譲って引退しました。今ではSさんが2つの会社をしっかり束ねて社業を発展しておられます。先日久しぶりにSさんと逢いましたが、とても明るく前向きに経営をしておられる様子が伺えました。本当によかったと思います。

今の中小企業における一番の経営課題は後継者問題だと言われます。ここではバトンがうまく渡されましたが、これは今後も繋がっていきます。経営には必ずついて回る問題ですので、常に頭の片隅に置いていておくべきことでしょう。

「社長は社長になった瞬間に後継者問題を考えるべきかもしれない」

第3章の事例紹介
③ エンターテインメント事業における問題解決手法

2019年からライブレストランを支援しています。そこは学生時代の友人から紹介されて、ビルのオーナーであるPさんと知り合いました。そのビルは都心から少し離れた地方都市の駅前に立っており、ライブレストランはその地下にありました。駅直結と言ってもよいくらい至近距離にあるので、利便性はとてもよいのです。ここなら十分に採算は取れるだろうと思ってお話を聴きに伺いました。

ところが実情は大変でした。働いているスタッフの役割がバラバラで、まとまりがなく収益は低迷していました。公演担当、飲食担当という大きな分類の中に、渉外、音響、照明、料理、飲物、ホール、受付等で9名のスタッフがいたのですが、全員で話し合ったことがないというのです。そこでまず取り組んだことは、全員を一堂に集めることでした。

みんな自分の役割はしっかりやっていたのですが、連携が取れていませんでした。出演者の情報が料理長に届いていない、予約人数の情報が受付に伝わっていない、メニューの情報がホールと共有されていないなどなど。

また売上利益の目標も共有されていませんでした。どれだけの売上が必要なのか、どれだけの利益があれば黒字なのか、その点も曖昧になっていました。

「先ずは社内の情報共有、そして全員が目指す目標設定、これが必須」

それらを徐々に改善していきながら売上利益を伸ばし始めたときに、あのコロナ禍が襲来しました。そうです、新型コロナ感染症の拡大です。ライブレストランは、あっという間に売上が急減しました。というか、ゼロになりました。

オーナーであるPさんと、真剣に善後策を検討しましたが、先の見えない状況では閉鎖もやむを得ないと話していました、そんなときスタッフの1人がライブ配信をしたいと言ってきました。今はYouTubeを使ってライブ中継できるというのです。これはよいアイデアでした。準備には少し時間がかかりましたが、3か月後には何とかライブ中継できる体制が整いました。やはり現場は知恵を持っていると実感した出来事でした。

「諦めないで知恵を絞れば、解決の糸口は必ず見つかる」

まだ完全には復活、改善できていませんが、Pさんを支えるスタッフが一丸となって事業継続を目指しています。現在9年目に入っており、Pさんは10周年を当面の目標にしたいと話してくれました。

先ずは安定した公演を続けることです。そしてお客様に満足いただいて、リピートしてもらうことでしょう。

まだまだ道のりは厳しいですが、みんなで協力して活路を見出して欲しいと願っています。この場所が地域交流の場になり、情報発信の基地になり、雇用創出の会社になることが一番の社会貢献だと考えるからです。微力ながら私もできるだけ応援していきます。

「エンターテインメント事業こそ地域活性化の起爆剤になる」

第4章の事例紹介
④ フランチャイズ（FC）事業でのリーダーシップ

Mさんとは経営者の団体を通じて20年前からの知り合いでした。

たまたまある会合でご一緒する機会があり、事業展開の話になりました。合鍵・靴修理を行うお店を関東圏中心に30数店舗展開している会社でした。基本的には直営店での運営でしたが、売上には波があり、お店によって売れる商品も違います。そこでFC展開を始めていました。

ただ個人でやるにはある程度の先行投資が必要なので、なかなか思うように店舗を増やすことができません。そこで考えついたのが社員からの独立です。特に10年以上務めた方であれば、技術的には問題ありません。あとは設備投資などの初期費用が難問なのです。

そこで、FC制度の見直しを行い、社員の独立を支援することにしました。社歴10年以上の社員が独立する場合には初期費用を大幅に下げる決断をしたのです。短期的には収益を悪化させる可能性があるので、相当な覚悟を持って臨まれたと思います。これは大変な英断でした。

このとき候補に挙がったのが、日頃Mさんから目をかけられていた「幹部社員」です。彼はいつも会社の売上や利益に対して真剣に、前向きに発言し、実践していました。彼こそ社員からFC独立の第1号にふさわしいと思いましたので、彼と諸条件を打ち合わせしながら新しいFC制度をつくりました。Mさんは当初彼を社内に置いておきたかったようですが、最後は応援すると話されました。

この制度見直しは、社員に新たな希望と貴重な選択肢を与えてくれたと思います。

コロナ禍の影響もあり、少し足踏みした時期もありましたが、あとに続く社員が現れました。社員独立2号、3号と出てきたのです。その後も独立を検討している社員が何人か生まれています。

「勇気をもって既存のやり方を変える決断をするのが本物のリーダーである」

今は誰もが経営者感覚を持たなければ存続していけない時代になった気がします。世の中がものすごいスピードで刻々と変わっている中で生きていくためには、1人ひとりが経営者として自立するべきかもしれません。実際には社員であっても、もし自分が社長だったらどうするか、を自問自答するくらい真剣に仕事に向き合うのです。

どうすれば事業を継続できるのか、何をすれば社員が幸せになれるのか、そのことを常に考えていたMさんだからこそ、新しい発想が生まれたのだと思います。いつもMさんが口癖のように話しておられた言葉があります。
それは「ピンチはチャンス」というものです。どうすればこの難局を乗り越えられるのか、どうやれば危機を脱することができるのか、発想の転換を図って解決するのです。
ここでこの会社の経営理念を紹介しておきます。
一．企業を通じて国家社会に貢献する
一．企業を通じて人間形成を行う
一．自己最高を目指す
「経営者こそ最高のリーダーシップを発揮しよう」

第5章の事例紹介
⑤ 代理店ビジネスにおけるキャリア形成

その会社は西日本の地方都市に本社があります。地元で建設業を営んでいたのですが、多角化を進めていて、携帯電話や損害保険等の代理店を展開しています。人口減少が進む地方にあって、雇用の継続や納税の義務を果たしています。

経営者一族は地元の名士として様々な団体の長をしています。商工会議所の会頭、社会貢献活動をしている財団法人の理事長や会長などです。当然のことながら、会社経営も一族が行ってきました。それが当たり前だと思っていました。

そこで長年「営業部長」として活躍していたのがKさんです（110ページ参照）。

実務家として様々な案件を担当し、自分が所属している組織を支えていました。そんなあるとき、前任の社長が脳梗塞で倒れました。そのときに周囲から社長にならないかとの声がかかったのがKさんでした。恐らく本人が一番びっくりしたのではないでしょうか。

ただ10数年彼の仕事ぶりを見ている人間からすると、人口減、コロナ禍の後遺症に苦しむ会社を立て直すには彼しかいないと思いました。特に地方における代理店の仕事は人のつながりです。それがすべてと言ってもよいくらいです。地域に根づいて活動を続け、周囲からの信頼も厚いKさんに白羽の矢が立ったのはある意味で必然のような気がしました。

「真摯に仕事をしている人には必ず日が当たるときが来る」

このことを実感する出来事でした。

またKさんは趣味を通じても地元の方々と交流しています。彼の趣味は釣りです。天候のいい日曜日には朝早くから出かけて行って瀬戸内海で「アジ」や「キス」を釣って来られます。釣りの話を聞いていると。本当に楽しんでおられるのがよくわかります。

以前、その釣りの翌日に会う機会がありました。打ち合わせが終わって一緒に食事をすることになり、Kさんから「知り合いのお店で食事をしよう」と誘ってこられました。あまり深く考えずにお供をしていきましたら、そのお店でご自分が釣った魚を料理してもらって食べさせてくれたのです。驚くと同時に嬉しかったです。そんなKさんの周りには多くの人が集まってきます。

「自分のキャリアを仕事だけではなく趣味にまで広げていく」

誰もがいずれ仕事から離れるときが来ます。でも彼なら多くの友人たちに囲まれて、豊かな人生を歩んでいくのではないでしょうか。今度機会があれば別の友人を連れて行って、釣りを楽しませたいと思っています。彼の生き方を広めたいと思う今日この頃です。

Kさんは私にとって大切な取引先であると同時に、貴重な友人でもあります。ですから、Kさんから連絡があればいつでも相談に乗ってきました。少し公私混同している感じはしますが、仕事に関しては私情を挟まずお付き合いしています。今後も応援していくつもりです。

「キャリアを積み重ねていくうちに生涯の友人を得ることがある」

⑥ 複合型の事例紹介　ある業界団体の2人の経営者

1人目の経営者（Dさん）との出逢いは2005年でした。ある団体の会合が終わった後の懇親会で雑談をしている内に一度会社訪問をすることになりました。Dさんは都心にある印刷関連会社の二代目社長でした。とても実直で正直な方だなというのが第一印象でした。

その翌週に会社訪問をしました。既に社長歴は20年を超えていたと思いますが、話題に出てきたのは幹部の方々に関することでした。28歳で社長になったDさんにとっては、年上の部下（幹部ですが）について色々と思うところがあったようです。

そこで幹部を集めた集合研修を提案しました。

「部門横断的なコミュニケーション研修が必要ではないか」

制作・営業・総務という3つの部門がそれぞれ独立して動いていたので、部門間の意思疎通が図れていないと感じたからです。参加した幹部の方々から「自部署のこと」「他部署のこと」「総務のこと」について率直な感想を述べてもらいました。同じ会社なのに、あまりにも情報共有できていなかったとの発言が相次ぎました。

当時は部署ごとに建物もフロアも分かれており、まるで別会社のような雰囲気もありました。それが何度か研修を重ねるうちに、お互いのことを理解していきました。その後Dさんの会社は　移転をして1つの建物内でみんなが仕事を行っています。

コミュニケーションの基本は「逢うこと」です。近年はITツールの発達で逢わなくても仕事はできるようになってきました。しかし実際に動いているのは人です。「人と人の交わり」は信頼関係の基本ではないでしょうか。これは変わらないと信じています。

「お互いに顔の見える場所で働いていると安心して働くことができる」

最初は幹部間の研修だけでしたが、その後は中堅・若手・新人という形で全社員が交流することになりました。業務の合間を縫っての取り組みでしたので、数年かかりましたがお互いの理解は深まったのではないでしょうか。

そんなお付き合いが続いていた２０１４年のことです。Ｄさんの会社で新入社員研修を行うことになりました。ただ中小企業なので対象者が数名と少人数でした。

そこで私から複数社での合同研修を提案しました。Ｄさんはご自身の業界で懇意にしている方に声をかけて、ある会社から研修対象者を選抜されました。

そこで出会ったのが２人目の経営者（Ｈさん）です（84ページ参照）。

同じ業界におられる２人でしたが、全くタイプの異なる経営者でした。Ｄさんが実直で堅実なタイプなのに対して、Ｈさんは明朗で挑戦するタイプでした。ただ共通していたのは「経営理念」をしっかり持って、創業時の想いを大切に守り続けている点でした。特に社会貢献活動は本気で取り組んでいる方たちでした。

「経営の根幹である経営理念は、会社繁栄および継続のためには必須である」

その後しばらくお２人とは交流する機会がありませんでしたが、２０１９年にＤさんから連絡があり、再び３人でご一緒する機会ができました。

今度はＨさんの会社で新入社員を採用したいので研修をして欲しいとの依頼でした。お受けしたのは言うまでもありません。

ただ、その直後に新型コロナ感染症が発生してしまい、新人育成は大幅な変更を余儀なくされました。それでもＨさんは採用を前向きに進めていかれました。私共も研修のやり方やカリキュラムを修正しながら新人教育を後押ししました。

何事にも積極的なHさんはその後も継続して新人を採用し、新しい分野への進出も果たされました。そこでは既に新人が生き生きと働いていて、とても頼もしく感じました。この調子でいけば、新しい分野の仕事も直ぐに軌道に乗っていくでしょう。

「果敢にチャレンジする人のところに、人も仕事も集まっていく」

実は昨年からHさんの呼びかけで、Dさんと私の3人で定期的に情報交換を始めました。それぞれが持っている情報や知識、ノウハウをお互いに活かして行こうという試みです。将来何かが生まれる気がしていたら、私のところにもその余波が訪れました。何と私のところに商業出版の話が舞い込んできたのです。直ぐにHさん。Dさんに報告しました。お2人からは何でも協力すると申し出ていただきました。有難いことです。

それもこれもHさんのリーダーシップのお陰です。

「ご縁を大切にしていると、ある日突然幸運の女神が現れることがある」

事業承継の事例紹介

⑦ 後継者選びで悩んでいた友人からの相談

ご縁とは本当に不思議なものです。前述しましたが、50歳のときに大病を患い、気力も体力も低下していたときに、ふらりとダンスパーティーへ出かけました。学生時代に覚えた社交ダンスを久しぶりにやってみようと思ったのです。すっかり衰えた体を元気にしたい、無理なく続けられる趣味を復活させたい、そんな思いで参加しました。

かなりのブランクがあったのですが、体は覚えていてくれて楽しく踊れました。ただ体力がなかったので休憩を挟みながらのダンスでしたが、気持ちよく汗をかけました。そして帰ろうとしたときに、主催者から声をかけてもらいました。

「よかったらみんなで軽く食事でもしていきませんか」

このときは1人で参加していて、知り合いもいなかったのでパーティーが終わったら帰るつもりでした。でも、折角声をかけてくれたので、少しだけ顔を出すことにしました。初めての参加だったので、自己紹介することになり、自分のダンス歴や職業経験などを話しました。そしてまた次の機会に逢いましょうとなって、解散になりました。

かれこれ3か月くらいたった頃でしょうか。ダンスの後の食事会で、1人の男性（Wさん）が話しかけられました。どうも仕事のことのようでした。

「今度うちの会社に来てくれませんか？　相談したいことがあるのです」

このときはあまり深く考えず、表敬訪問のつもりで軽い気持ちで約束をして帰りました。

そして翌週の平日にWさんの会社へ伺いました。彼もダンス愛好家ですので、ダンス談義で盛り上がり、その話が一段落したタイミングで、Wさんが急に真剣な表情で膝を乗り出してこられました。

「実は自分の後継者を決めようと思っているのですが、迷っているのです」

いきなりのことでしたので、私もどう答えてよいかわからず、詳しい話を聞かせて欲しいとお願いしました。

そこでWさんから、自分が考えている後継者候補が社内に受け入れられていない気がするという趣旨の説明を受けました。さすがに会ったこともない方についてコメントすることもできず、いくつかの提案をしてその日は帰りました。

① まずWさんの会社概要と沿革を教えて欲しい。

② その後継者候補の方に逢わせて欲しい。

③ 全社員に無記名で後継者アンケートを取ってはどうか。

その後それらの手続を踏んで後継者問題を整理しました。結論として、Wさんが指名しようとしている方は社内で受け入れられていない実態が判明しました。

そのときに浮上してこられたのが取締役技術部長だったAさんでした。

実はこの会社は同族経営ではなく、社員の中から選ばれた人が社長になる仕組みができているのでした。

約半年間は諸手続に時間を費やしましたが、Aさんが社長に就任しました。

「なりたい人よりも、なって欲しい人が社長になると社内がまとまる」

Aさんは技術畑で歩んでこられましたが、経営のことをしっかり勉強されて「経営理念」「将来ビジョン」「事業計画」「行動指針」まで成文化されました。事業承継されたときは業績が低迷していましたが、今では着実に収益を向上しておられます。

因みに事業承継を終えられたWさんは、約9年間に及ぶ経営から離れて故郷に戻られました。お元気で過ごしておられるようです。残念ながら趣味のダンスでご一緒する機会はなくなりましたが、事業を承継するということに関しては何とかお役には立てたと思っています。

その後のAさんの活躍ぶりは目を見張るものがあります。一部をご紹介しておきます。

「営業トップの社員を役員に昇格させた」

「事業拡大のために同業他社と提携した」

「新規営業所を開設して売上増を目指した」

「本社移転を実行して業務効率化を推進した」

「取引先の窮状を救うべくM&Aにて資産と雇用を守った」

「新規事業を始めるために先行投資をした」

まだ他にもあるのですが、これだけ上げてもすごい行動力ではないでしょうか。Aさんを見ていると、リーダーのあるべき姿が見えてくる気がします。

Aさんのことは「選ばれるリーダー」のところでも紹介しています(85ページ参照)。

「冷静な判断力をもって決断をし、スピーディーに行動するリーダー」

実践研修プログラム

1　社会人基礎講座（Q＆A形式）

ビジネスマナー

「マナーはなぜ必要なのでしょうか?」

人は1人では生きていけません。社会で共存・共栄していくためには、相手に対する思いやりが必要です。

その思いやりを行動に移したものがマナーです。そのマナーなかで最も大切にしたいものが「挨拶」です。ビジネスは「挨拶に始まり、挨拶で終わる」とも言われます。

「マナーを難しく考えていませんか?」

就職活動のときに「敬語」を勉強した記憶がある方も多いことでしょう。日本語の敬語は複雑でとても難しいというイメージを持っているはずです。

確かに「いらっしゃる」という敬語には3つの意味（居る・行く・来る）があり、どれなのか瞬時には判断できないこともあります。

「マナーを完璧に身につけている人は?」

私の知る限り、完璧なビジネスマナーを身につけている人はほとんどいません。それほど難しいのです。

だからと言って学ばなくてよいことにはなりません。どのように振る舞えば相手に失礼がないかを考えて行動していきましょう。

「ここでの服装は？　そこでの言葉遣いは？　あそこでの振る舞いは？」

一度社内で話し合ってみてはいかがでしょう。

参考文献「ビジネスマナーBOOK」岩下宣子著
参考文献「身につけよう！江戸しぐさ」越川禮子著

大切な5つのこと

日本には江戸時代から礼節を重んじる5つの大事なことがあります。

「貌（表情）」　優しい和やかな表情をする
「言（言葉）」　思いやりのある言葉をかける
「視（視線）」　温かいまなざしを向ける
「聴（傾聴）」　相手に心を傾ける
「思（思い）」　相手に真心を込める

以上を総称して「五事を正す」と言われています。すべてに共通しているのは相手に対する「思いやり」の気持ちです。

これは私自身の行動指針でもあります。よい機会なのであなた自身も日頃の言動を振り返りながら、五事を見直してみましょう。

なお、研修では各自が自分の知り合いの中から五事で思い浮かぶ人を選んでもらいます。より具体的にイメージすることで実践しやすくなるからです。

もし可能であれば参加者同士で話し合って、お互いのよいところを認め合うのもいいかもしれません。

研修は所詮きっかけづくりでしかありません。そこで自分のよいところを発見できたら、是非とも持ち帰って更に磨きをかけていきましょう。そうすればあなたは成長するのではないでしょうか?

「この人の表情に憧れる」「その人の話し方に癒された」「あの人の眼差しを真似したい」

「どんな人にも思いやりを持って接することができる」

心がけたい「しぐさ」

先ほど取り上げた「思いやり」をもっと広げて態度に表わしたものが「しぐさ」です。

これは一朝一夕にできることではなく、日頃から心がけているうちに自然とできるようになるものです。そこでこれから代表的な10のしぐさを紹介していきます。自分の行動と照らし合わせてください。

「こえがけ」　一言でいうと「挨拶」

「ねぎらい」　一言でいうと「慰労」

「おもてなし」　一言でいうと「寛ぎ」
「ふるまい」　一言でいうと「大人」
「ふれあい」　一言でいうと「交流」
「おつとめ」　一言でいうと「自律」
「さしのべ」　一言でいうと「互助」
「あとひき」　一言でいうと「気遣い」
「ねんいれ」　一言でいうと「確認」
「さきよみ」　一言でいうと「予測」

その他にもたくさんあります。この「しぐさ」という言葉は「江戸しぐさ」に由来しています。根底に流れている考え方は相手に対する「思いやり」です。一期一会の精神、共生の精神が息づいているのは、現代社会にも通じるものがあります。いかがでしょうか？

自分磨きの方法

ここでは近江聖人と言われた「中江藤樹」という方の教えを紹介します。

「智良知」

良知という美しい心を持って、誰とでも親しみ合い、尊敬し合い、認め合って、行いを正しくするように心がけることです。これは日々努力を続けるしかありません。

「孝行」

父母を大切にし、祖先を尊び、大自然を敬うことです。そのために良知（美しい心）を磨き、体を健やかにし、行いを正しくし、周囲の人と仲良く親しみ合うことです。

「知行合一」

人は学ぶことによって、行わなければならない道を知ります。しかし学んだだけでは本当に知ったことにはなりません。

学んだことをよく理解して、実行してこそ初めて知ったことになるのです。

「五事を正す」

前述しました通り、和やかな表情で人と接し、思いやりのある言葉で人に話しかけ、温かいまなざしで人を見つめ、心を傾けて人の話を聴き、真心を込めて相手を思いやることです。

参考資料「近江聖人中江藤樹記念館」展示資料
参考文献「藤樹先生」滋賀県高島市教育委員会
参考文献「江戸しぐさ完全理解」越川禮子・林田明大共著

ここで「中江藤樹」の座右の銘を紹介しておきます。

「学問は、人に下ることを学ぶものである。人の父たることを学ばずして、子たることを学び、人の師たることを学ばずして、弟子足ることを学ぶものである」

参考文献「中江藤樹」千葉ひろ子著

〔図表 15　社会人としての行動指針〕

五事を正そう！

1、顔つき（表情）

（和やかな顔つきの人は誰ですか？）

2、言葉遣い

（温かな話し方をする人は誰ですか？）

3、まなざし

（優しい眼差しを向けてくれる人は誰ですか？）

4、よく聴く

（心を傾けて聴いてくれる人は誰ですか？）

5、思いやり

（慈愛の心で接してくれる人は誰ですか？）

≪これから直ぐに実践すること≫

〔図表 16　社会人としての行動実践〕

心がけたいしぐさ！

1、こえがけ

2、ねぎらい

3. おもてなし

4、ふるまい

5、ふれあい

6、おつとめ

7、さしのべ

8、あとひき

9、ねんいれ

10、さきよみ

≪あなたが一番心がけたいしぐさ≫

〔図表 17　現代に承継された街道〕

近 江 聖 人 「 中 江 藤 樹 」 の 生 誕 地 に て

滋 賀 県 高 島 市 安 曇 川 町 （ 旧 小 川 村 ）

〔図表18　現代に承継された聖人〕

近江聖人「中江藤樹」の生誕地にて

JR湖西線安曇川駅前の銅像

2　人財共育プログラム（ワークショップ形式）

マネジメント

「セルフマネジメント」

最初に取り組む内容は「自己理解」です。自分のことは自分でわかっているようでわかっていないものです。

自分は何のために働くのか、誰のために働くのか、どうやって働くのか、これらを棚卸する作業が重要です。

「生きる目的」にも繋がることなのでじっくり自分と向き合います。

「チームマネジメント」

次に複数人でチームをつくって「相互理解」をします。同じ場所（会社）で働くのであれば、お互いの人柄や特徴を知っておくことはとても大切だからです。

仕事は1人ではできませんので、お互いの役割を決めることにも繋がります。何かをやり遂げるためには協力関係が不可欠です。

因みに私が考える理想のチーム人数は「5名～6名」です。1人の人間が人心掌握できるのは、このくらいだと考えています。多すぎるとまとまらす、少なすぎると意見が偏る気がします。

チームビルディング

「みんなで組織を創ってみる」

自分たちのチームは何をする組織なのかを考えていきます。

つまり「チームの理念」を考えるのです。チームの存在意義を話し合いながら、組織の目的を明確にしていきます。

更に自分の役割も決めておきます。そこには責任の所在を明らかにしておく狙いもあります。

一般的には「リーダー」「サブリーダー」「発表者（営業）」「書記（事務）」などですが、人数によっては「第二の発表者（営業）」や「第二の書記（事務）」等を追加しておきます。

勿論チームが目指す目的によっては役割を変えてもよいと思います。ここでは「営業」をイメージしています。

ロールプレイング

「実際に商品を販売する」

そしてチーム全員が協力して「目標達成」を目指します。ここではチームごとに自社商品のプレゼンテーションをしてもらいます。他のチームはお客様の立場に立って受け止めます。最終的にどのチームから商品を買いたいかは「投票」で決めます。「話し方」の訓練も兼ねています。

「自己紹介、自社紹介もやってみる」

このプログラムは自主性を育むことも1つの目的としています。自社商品を紹介するだけではなく、自分のことも会社のこともPRするのです。

たとえ営業職でなくても、仲間の仕事を理解して応援する、お手伝いする気持ちを持ってもらいたいのです。実践を通じて学びを深めてもらいます。

共に学び共に育つ

これまでこの研修を通じて「新たな商品サービス」も生まれてきました。

「法人向けのサービスを改良して個人向けサービスに広げた」

「主力商品だけではなく付属商品にまで対象を広げた」

「物品販売で終わらず、メンテナンス事業にまで進出した」

「国内事業に留まらず、海外向けの事業まで発展させた」

どの事業においても、みんなで色々な意見を出し合う中から生まれてきたものです。既存の考え方や慣習に囚われず、新しい発想でお互いが意見交換しながら試行錯誤を繰り返した結果なのです。

1人ではできなかったことが、仲間と話し合うことで視野が広がり、次の展開に発展していきます。ここでは仕事を通じて個人も成長しているのではないでしょうか。

共に育つ「共育」という考え方は、人間成長にも繋がるものだと思いますので、これからも大切にしながら歩んでいきます。

〔図表 19　自分を理解するワークシート〕

自己紹介シート！

（自分が伝えたいこと）

プロフィール（氏名・年齢・出身・学校・家族・・・発言は自由）

特技（自慢できること）

趣味（楽しんでいること）

夢（実現したいこと）

≪みんなでやりたいこと≫

〔図表 20　仲間を理解するワークシート〕

強いチームをつくろう！

リーダーのこと　氏名

「特徴」

メンバーのこと

	（氏名）	（役割）	（使命）
メンバー①			
メンバー②			
メンバー③			
メンバー④			
メンバー⑤			

チームのこと

「強み」

「弱み」

チームの理念

実現したい夢

〔図表 21　自社を理解するワークシート〕

自社商品を売ってみよう

チームのこと

チーム名

メンバーのこと

リーダー	
サブリーダー	
営業担当者	
事務担当者	
書記補助者	

チーム（メンバー）の紹介・PR

商品（サービス）の紹介・PR

チームの目標（ゴール）

〔図表 22　未来を創造するワークシート〕

新しい商品を創ろう！

新しい商品（サービス）の名称

新しい商品（サービス）の特徴

新しい商品（サービス）の市場

新しい商品（サービス）を通じて目指すもの

3　幹部育成プログラム（ディスカッション形式）

リーダーのあるべき姿

「理想のリーダーをイメージする」

最初に取り組む課題は「理想のリーダー像」です。どんなリーダーを目指すのかを1人ひとりに考えていただきます。

具体的な人がいればその人、具体的な人がいなければ歴史上の人物やイメージで構いません。できるだけ細かく、「考え方」「行動基準」「達成目標」を書き出していきます。

そして各自が決めたリーダーをみんなで議論していきます。例えばこんな感じです。

「自分は織田信長のようなリーダーになりたい」

「いや、自分は徳川家康のようなリーダーになりたい」

もしこんな感じで意見が異なったら、双方から特徴を発表してもらいながら議論を深めていきます。どちらかが正しいという議論ではなく、それぞれが考えるリーダー像に広がりを与えるのが目的です。色々なタイプのリーダーがいたほうが組織は強くなります。

私が考えるリーダーは次の4つのタイプです。

「強力な《リーダーシップを発揮する》リーダー」

「みんなで対話をしながら《まとめる》リーダー」

「動きながら考えて組織を《変革する》リーダー」

「仕事を任せて、後ろから《応援する》リーダー」

リーダーシップ

次にリーダーシップを発揮するための「リーダーの考え方」を整理しておく必要があります。

次の質問を行って、本人の意思を確認して行きます。

「何事もやり遂げる強い「決意」はあるか？　絶対に諦めない「根気」はあるか？」

「相手にはやりたくなる「意欲」はあるか？　そして「支援」はできるか？」

「継続した「努力」をしているか？　そして自分に「信用」はあるか？」

「メンバーとの間で「夢」を共有できているか？　その夢には「期限」があるか？」

「どんなに失敗をしても「成功」すると信じられるか？　更に「成長」できるか？」

これらの質問を通じてリーダーとしてのタイプ(合わせて資質)を見ておきます。組織はリーダーによって決まると言っても過言ではありません。よいリーダーに巡り会えれば、その組織は間違いなく成長します。

リーダーシップとは、組織の目的を達成するために、相手の心を知り、その心に働きかけることで、相手が自ら進んで行動を起こすような影響を与える力のことだと認識しています。つまり行動に繋がる動機づけです。

勿論リーダーによってやり方は異なりますし、相手のタイプ（成熟度）によっても接し方は工夫が必要でしょう。

現代は変化が激しく多様化しているので、一方通行のリーダーシップは効果が薄い気がします。

「これからは支援型リーダーが求められていく」

ファシリテーション

「支援型リーダーはファシリテーターになる」

これからのリーダーには「ファシリテーションスキル」が必須になると思います。

これまで見てきた「マネジメントスキル」「リーダーシップスキル」も大切ですが、もっと大切なのがファシリテーションスキルです。

私が考えるファシリテーションスキルは次の５つです。

① 場をつくる力がある

② 聴く力がある

③ 問う力がある

④ 観る力がある

⑤ 応える力がある

ここでのリーダーの役割はこんな感じです。

「和やかな雰囲気をつくって、本音で話し合える場をつくる」

「1人ひとりの特徴を掴んで、お互いの交流を促す」

「仲間意識を醸成しながら、価値観・方向感を共有する」

「目標感を持たせると同時に、目標の達成感を味合わせる」

言い換えると「チームワークを醸成して、成果を最大限に引き出す」のがリーダーの役目です。

次世代へのバトンタッチ

最後に幹部が果たすべき役割を提案しておきます。

やはり何といっても最優先課題は、フラットなチームづくりです。最近よく取り上げられる言葉では「心理的安全性」が確保された組織づくりでしょう。みんなが本音で接することができるチームこそ最大限の成果を発揮するのではないでしょうか。

「全員が理念（目的）を理解している」

「全員が目標達成を目指している」

「各自が強み（弱み）を持っている」

「各自が自分の仕事に責任を持っている」

「お互いが信頼しており、助け合う土壌がある」

これらのことを確認し合った上で、将来のことを話し合います。リーダーには会社の将来に対する責任もあるからです。自分の代で終わらせず次世代にバトンを渡すのです。

「リーダーには会社の未来を切り拓いていく責任がある」

どうすれば会社が存続できるのか、次は誰に託せばよいのか、これも重要な課題です。人は必ず歳を重ねますので、次世代の採用・育成は避けて通れないのです。

これに失敗すると会社の存続は危なくなります。自分の次は誰にするのか、それを真剣に議論します。

「あなたは誰にバトンを渡しますか?」

折角のよい機会なのでバトンを渡す相手を探してみましょう。

私が考える次世代リーダーに必要な要素は次の5つです。実際に起きた事例を挙げておきますので参考にしてみてください。勿論すべてを満たす人はなかなかいませんので、どれか1つでも当てはまれば次世代リーダーの候補にしてもよいのではないでしょうか。

「新しいことに挑戦する人」…社内でいち早くChatGPTを活用した

「担当部署の中軸になる人」…現場から営業に移って業績を向上させた

「途中で決して諦めない人」…工事会社が倒産しても次を探して完成させた

「周りの皆から好かれる人」…社内イベントの幹事を率先して引き受けた

「大変なときに頼りになる人」…クレームが入ったときに真っ先に謝罪した

〔図表 23　幹部になるための目標シート〕

理想のリーダー像！

会社における理想のリーダー

部下から見た理想のリーダー

外部から見た理想のリーダー

貴方が考える理想のリーダー

≪現実のリーダーを見つける≫

挑戦する人：

軸になる人：

諦めない人：

好かれる人：

頼りになる人：

≪あなたが目指すリーダー≫

〔図表 24　幹部がやるべき実践シート〕

ファシリテーターになろう！

1、場をつくる

2、聴き役になる

3、質問する

4、観察する

5、期待に応える

≪全体をまとめる≫

≪実践行動を促す≫

4　キャリア開発プログラム（フレームワーク形式）

自己分析

自分のキャリアは自分で創って行く時代になりました。

社会の変化が速くなり、働き方も多様化してきた中で、企業は終身雇用を保証することができなくなりました。

この傾向は中小企業に限らず、大企業においても顕著に表れてきました。勤めている会社がある日突然なくなるかもしれない、いきなりリストラされるかもしれない、そんな不安が現実のものとなりうる不安定な社会になっています。

これからは自分の生活は自分で守るしかないという現実に直面しているのです。そこで万一に備えて、自分の市場価値を計ろうとする人が増えてきています。

「自分には何ができるのか」

「自分は社会に必要とされているのか」

「もし転職したらいくら給料がもらえるのか」

といった現実的な問題を普段から考えておく必要が出てきています。

この問題はシニア層に限った話ではありません。そこで本プログラムでは20代から50代まで幅広く世代ごとにキャリアを考えていきます。それぞれ「ライフプラン」と「ワークプラン」を見据えながら「キャリアプラン」を立てていきましょう。

「年齢・性別・役職に関係なく、将来のキャリアを検討しておこう」

《20代のキャリア》

多くの方が社会人としてスタートを切ります。まだ知識や経験はないので、学校等で学んできたことを実践していく覚悟が必要でしょう。この年代の人は「働くことの意味」をしっかり理解し、意識して仕事に臨むのがいいでしょう。

とにかくこの時期に社会人としての基礎をしっかり身につけることです。前述しましたが「ビジネスマナー」は万人共通の必須要件です。挨拶から始まって、整理・整頓・清掃・清潔・しつけ（挨拶含む）という「5S」は習得しておきたいですね。

それから「資格取得」をおすすめします。社会人経験が浅いために経験が少ない年代ですが、それをカバーするのが資格です。実務経験は少なくても資格を持っていれば「知識」は増えているはずです。これは武器になりますし、生涯活用できるものが多いです(中には期限付きもありますが)。

20代の頃は、あまり扶養家族もいませんので、自分の時間を有効に使うことができます。それに頭が柔軟で体力もありますから積極的に取り組めるはずです。是非とも資格取得に励んでください。なお会社によっては資格手当などもありますので調べてみるのもいいですね。

今の時代は業種・業界・分野の境界が低くなっていますので、業務関連以外の資格にチャレンジしてもいいかもしれません。私などは趣味の世界にも首を突っ込んで資格を取ったりしました。無理強いはしませんが、楽しい資格も将来役立つかもしれません。

実際に私は趣味の資格から仕事に繋がったこともあります。何でも興味があるものは今のうちに取っておきましょう。

《30代のキャリア》

この年代になると社会人経験を積んできているので、業務が忙しくなってきています。仕事に対しても徐々に自信がついてきており、やりがいも感じ始める頃でしょう。人によっては部下や後輩の指導も始まっているかもしれません。またプライベートでは結婚したり、親になったりして、社会的責任が増している人も出てきます。

そこで挑戦して欲しいのは「役職」をもらうことです。一般社員から管理職になるということは、責任も重くなりますが、何といっても会社が実績を認めたという事実です。これは素晴らしいことです。

責任ある立場になると、給料も増えますが信用も増します。これは将来転職したり、独立したりするときに有利に働きます。

心身共に充実しているときこそ、自分に厳しく過ごしていくと大きく成長するのではないでしょうか。私も不動産業界では大きな仕事を任されてやりがいを感じました。当時は無我夢中でしたが、今振り返ると、よい経験ができたと思います。是非とも自分の可能性を信じて、新しいことや大きなことにチャレンジしてください。

《40代のキャリア》

私は40歳のときにコンサルタントとして独立しました。いつかは独立したいという気持ちが強かったのもありますが、どこかで自分の力を試したいという願望に駆られたからでもあります。決して順風満帆な歩みではありませんでしたが、後悔はしていません。

この年代は会社だけではなく、家庭においても責任が重くなってきます。自分のことだけではなく、部下（後輩）や子どもの育成が課されていくからです。

思い通りにならないことが多くなり、悩みが深くなるかも知れません。それでも次世代を育成することはとても重要です。いつか自分が離れるときに、部下が自立できていなければ組織は存続できません。

私が考えるコンサルタントの仕事は、会社（社員）を自立させることです。いつまでも外部の人間に依存していては組織の将来は拓けません。とにかく次世代の育成に注力していきました。立場は異なれども、やっていくことは同じだと考えました。

ここでのキーワードは「共育」です（19ページ参照）。

《50代のキャリア》

個人的な話で恐縮ですが、私は50歳になっていきなり入院しました。前述しましたが、病気になったからです。

自己管理能力の欠如だと言われればその通りですが、原因がはっきりせずモヤモヤした日々を過ごしました。平均寿命は延びてきたけれど、自分は短いのかもしれないと思いました。ただ息子はまだ小学生でしたので、ここで諦めるわけにはいかないと思いを新たにしました。

ここでやるべきことは「健康」に気をつけることです。

それまで自分の体力を過信していたと痛感しましたので、自分の体調管理を考えて次の２つを心がけるように決めました。

① 規則正しい生活を心がけて、適度な運動をこころがける。

② 基礎体温を上げるために「朝風呂」を習慣化する。

もともと早起きは実践していましたが、それはあくまでも仕事の効率性を考えてのことでした。急激に体力が衰えてくる年齢なので無理をしては続きません。取引先や家族にも迷惑や心配をかけるので、生活習慣を見直すのがよいと考えました。

自戒の念を込めて申し上げますが、自分の体力に過信は禁物です。余談ですが、同級生に逢うとだいたいどこか体調不良を抱えています。そんな年代なのだと自覚しておきたいですね。

「シニアに近づいたら健康寿命を意識して過ごしたい」

未来予測

人生100年時代と言われるようになりました。しかし1人ひとりの寿命は誰にもわかりません。だからいつお迎えが来ても後悔しないような生き方を心がけたいと思っています。戦後教育の礎を築いたと言われる森信三先生（故人）の言葉です。

「人生二度なし」

普段は意識しないことですが、何か失敗したり、後悔したりしたときに頭を過ぎります。

「もっと勉強しておけばよかった」

「もっと練習しておけばよかった」

「先にやっておけばよかった」

過ぎてしまった時間は取り戻せません。未来を創るのは今の自分なのです。

参考文献「修身教授録」森信三著

後悔しない人生を送るために、森信三先生は「立志」すなわち志を立てることから始めるべきだと説いておられます。不滅の精神を確立して欲しいとの願いが伝わってきます。

先生の言葉を紹介しておきます。

「真に志を立てるということは、この二度とない人生をいかに生きるかという、生涯の根本方向を洞察する見識、並びにそれを実現する上に生ずる一切の困難に打ち克つ大決心を打ち立てる覚悟がなくてはならぬ」

〔図表 25　あなたのライフプラン〕

ライフプランを立てよう！

20代でやっておきたいこと（やってきたこと）

30代でやっておきたいこと（やってきたこと）

40代でやっておきたいこと（やってきたこと）

50代でやっておきたいこと（やってきたこと）

60代以降にやりたいこと

≪生涯を通じてやりたいこと≫

〔図表 26　あなたのワークプラン〕

ワークプランを立てよう！

20代で身につけたいこと（経験したこと）

30代で取り組みたいこと（実践したこと）

40代で評価されたいこと（獲得したこと）

50代で相談されたいこと（依頼されたこと）

60代以降に貢献したいこと

≪あなたのライフワーク≫

〔図表 27　あなたのキャリアプラン〕

キャリアを組み立てよう！

1、今の自分にできること

2、これから取得したい「資格」

3、将来なりたい「役職」

4、取り組みたい「共育」

5、気をつけたい「健康」

≪10年後に実現したいこと≫

≪あなたの将来の姿≫

〔図表28　私のライフプラン（方針）〕

詩人「坂村真民」の言葉 **二度とない人生だから**

〔図表 29　私のライププラン（信念）〕

詩人「坂村真民」の言葉 念ずれば花ひらく

5　後継者支援プログラム（カウンセリング形式）

過去の自分

私は2005年に独立したのですが、なかなか事業が軌道に乗らず悩んでいました。

そんなときにある勉強会が目に留まりました。過去に書物で知っていた方の辻説法が都内のお寺であるというのです。その方は松原泰道（故人）という禅宗のお坊さんでした。何か引き寄せられるような感じでお寺に向かった記憶があります。

そこで聞いた言葉が今でも心に残っています。

「足るを知る」

古代中国の思想家である老子の言葉だそうですが、このときは心に突き刺さりました。

それまでは不満ばかりが口をついて出ていたのですが、現状に満足することが幸せに繋がるのだと話されたのです。

今生きていることに感謝する、苦しんでいるのは自分だけではない、苦労から逃げないで受け止める強さを持とうと諭されたのです。

この「足るを知る」という言葉はもっと深い意味があるのだと思いますが、そのときの私は前向きに生きていきなさいと励まされた感じでした。当時98歳であられた松原禅師は、移動こそ車椅子ではありましたが、語気ははっきりとしていて背中を押された気がしました。
「過去の自分を受け入れて、今の自分を大切にする」
「不満や不安に囚われるのではなく、未来の自分を明るく前向きに創っていく」
参考文献　「足るを知るこころ」「人生百年を生ききる」松原泰道著

将来の自分

それからは毎月その辻説法（当時は「南無の会」という名称でした）に通うようになりました。今の生き方はどうなのか、これからの生き方はどうするべきなのか、仕事と家庭の問題を抱えながらの毎日は相変わらず苦しいものでした。それでも今の自分を受け入れることは徐々にできるようになってきていたので、精神的には落ち着いてきていました。

そして２００６年夏のことです。この「南無の会」主催の合宿研修に参加しました。何と30年も続いている研修でした。2泊3日という条件にも関わらず、そこには約50名もの老若男女が参加していました。そこでたくさんのことを学びましたが、一番の学びは次の言葉に出合ったことです。

「生涯修行、臨終定年」（96ページ参照）

主催者の代表である松原禅師が杖言葉として紹介されたのですが、私の座右の銘になりました。

これこそ私のライフワークになると確信したのです。その後も辻説法や洗心道場（1泊2日の勉強会）に参加して自分を奮い立たせようと努めました。残念ながら２００９年には松原禅師が遷化

（他界）されましたが、その教えは私の心に生き続けています。将来を前向きに生きるためには、現実から目を背けず、苦難を乗り越えていかなければいけないと日々実感しています。

「将来の自分を創るためには、思い通りにならない現実に向き合うことから始める」

「希望を失わず、明るい未来を想像する」

将来の会社

過去の自分を振り返り、今の自分を理解して、将来を考えていくのがいいと考えます。そのことを踏まえて後継者には次のことに取り組んで欲しいのです。

① 過去の会社を振り返る

② 現在の会社を理解する

③ 将来の会社を考える

もう想像つくと思いますが、自分と会社を重ねて考えるのです。

後継者になるということは、会社のすべてを受け入れて、それを継続する使命があるからです。

創業時（過去）の想いをしっかりと理解して歴史をたどり、今の実態（現在）を把握して現実を受け入れ、今後（将来）のあり方を模索していくのです。

「会社の器は経営者の器である」

これは昔から言われている格言的な言葉ですが、当たっていると思います。やはり後継者は自分の使命（役割）を明確にしておくことが必要ではないでしょうか。会社を承継するにあたって、次の2つのことを実行して欲しいと考えています。

① 変えてはいけない（不変の）ものがある
② 変えていかなければいけない（可変の）ものがある

特に重要な不変のものは「経営理念」です。後継者が絶対に守らなければいけないものでしょう。

永続する会社

その「経営理念」を守りながら、会社が存続していくためには時代のニーズに合わせて変わらなければなりません。世の中の変化は激しいので、商品・サービスだけではなく制度や規則も変えていく必要があるでしょう。

具体的な例をあげるとこんな感じです。

「テレビはつくっているが「ブラウン管」から「液晶」に代わった」
「法人向けサービスだったが「個人向けサービス」に転換した」
「新築住宅をやっていたが「リフォーム事業」を立ち上げた」
「地方に合った「本社」を東京に移転させた」
「特定分野の業務を「異業種分野」にまで広げた」

まだまだ数え上げればきりがありません。変化に対応していくことは、生き残るために必須の取り組みではないでしょうか。経営者となる後継者は、いち早く変化を察知して自らも変わっていかなければいけないでしょう。

「永続するということは、時代の変化に対応すること」

その重責を担う後継者は責任重大です。中途半端な気持ちでは絶対に務まりません。そのことを肝に銘じて経営者となって欲しいです。

何故なら会社には多くの利害関係者が関わっているからです。

社員はもちろんのこと、その家族、取引先、地域社会も含まれます。

経営者である後継者は、誰よりも人に優しい人であって欲しい、それが私の願いです。

ここで改めて紹介したい言葉があります。

「鬼手仏心」（36ページ参照）

この言葉は医療倫理を表したものだと言われています。外科医が自分の手でメスを入れるときに、患者を治そうとする優しい心が必要だというのです。少し飛躍しますが、私が考える後継者はこの外科医のような人が適任ではないかと思っています。

優しい人とは、甘やかす人ではありません。時には本人のために本気で叱れる人です。ここぞというときは先頭に立ってみんなを鼓舞する人です。どうしても赤字部門が改善できないときは、会社のために撤退を決断する人です。どんなことがあっても会社を守り抜くのだという強い信念がある人です。そんな後継者であれば社員はついていくのではないでしょうか。

〔図表 30　後継者になるための準備シート〕

原因追及に役立つワーク
カウンセリング・シート

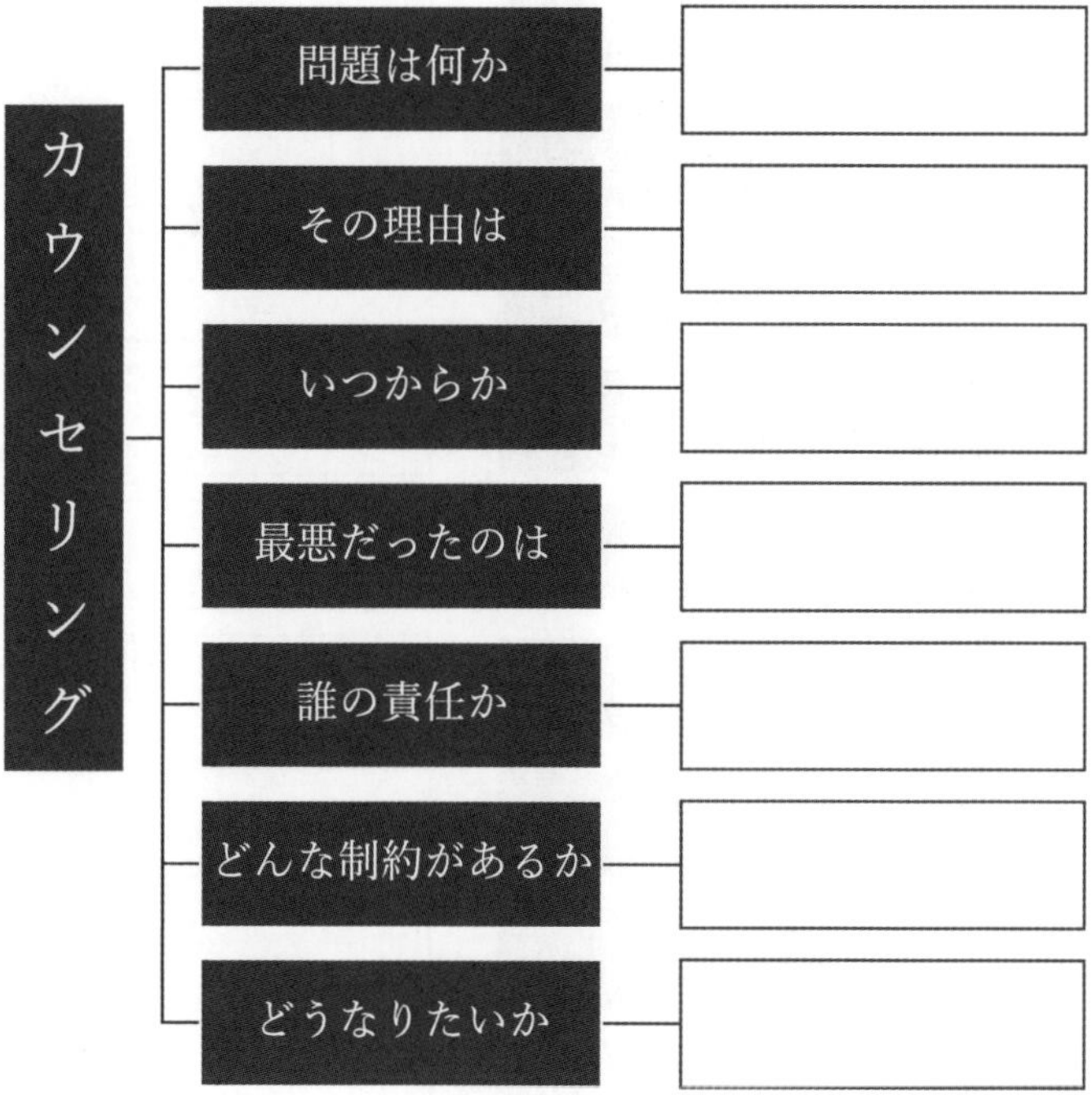

〔図表31　後継者になるための目標シート〕

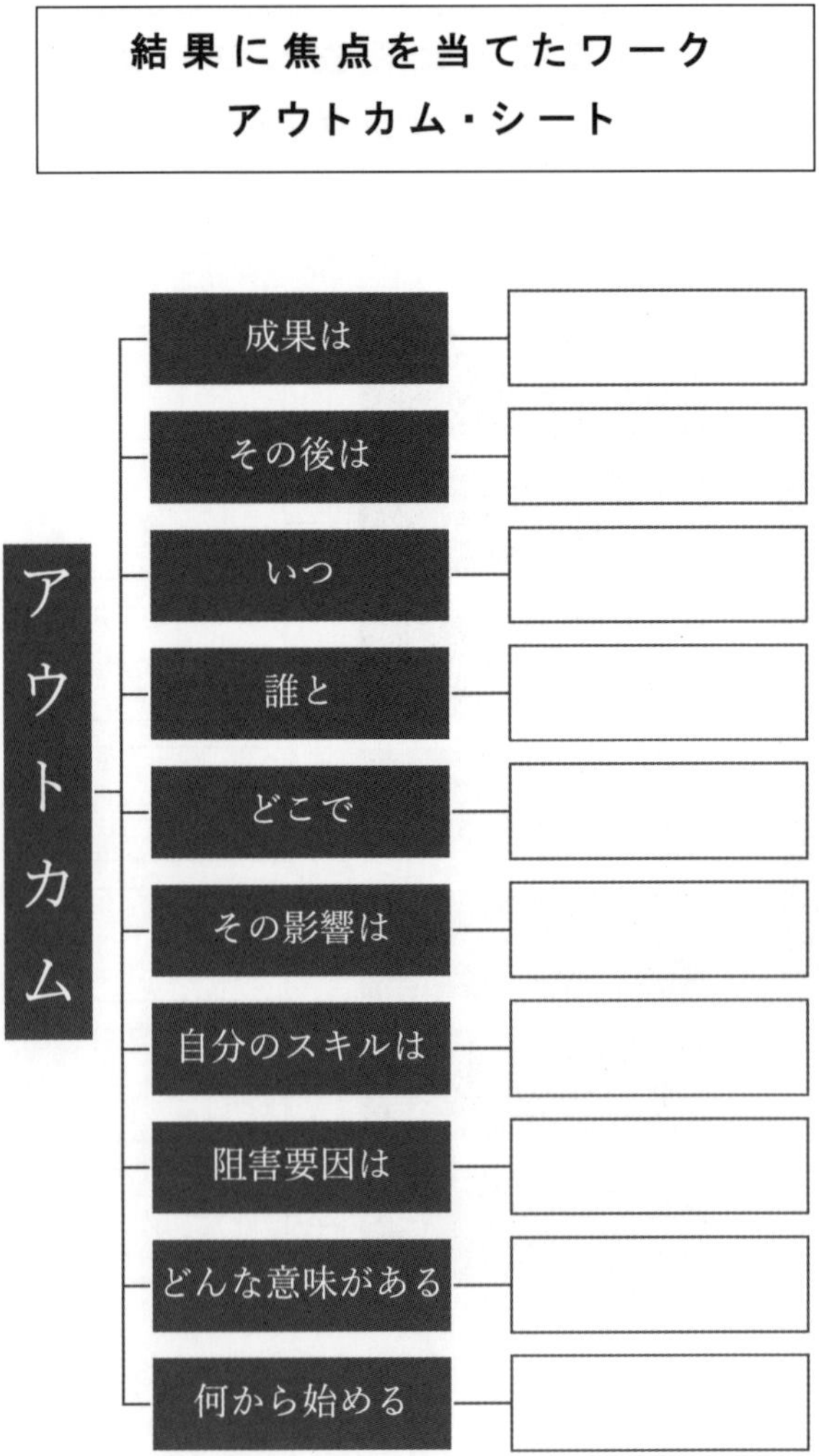

ウェイ研究所の理念

経営理念

日本の会社を元気にして、明るい未来を創造します

経営方針

人財共育を通じて会社の礎を造り、
社員の志を育て、未来の光を届けます

共育基準

明るく、元気で、素直な、
そしてユーモアのある、楽しい人財を支援します

行動指針（五事を正す）

…良知（美しい心）を育むため

和やかな表情で接しましょう
温かい言葉で話をしましょう
優しい眼差しを送りましょう
親身になって話を聴きましょう
真心を込めて思いやりましょう

共育心得（五心を育む）

ありがとう、という感謝の心
すみません、という反省の心
はい喜んで、という素直な心
おかげさま、という謙虚な心
私がします、という奉仕の心

近江聖人中江藤樹記念館

致良知（良知に到る）

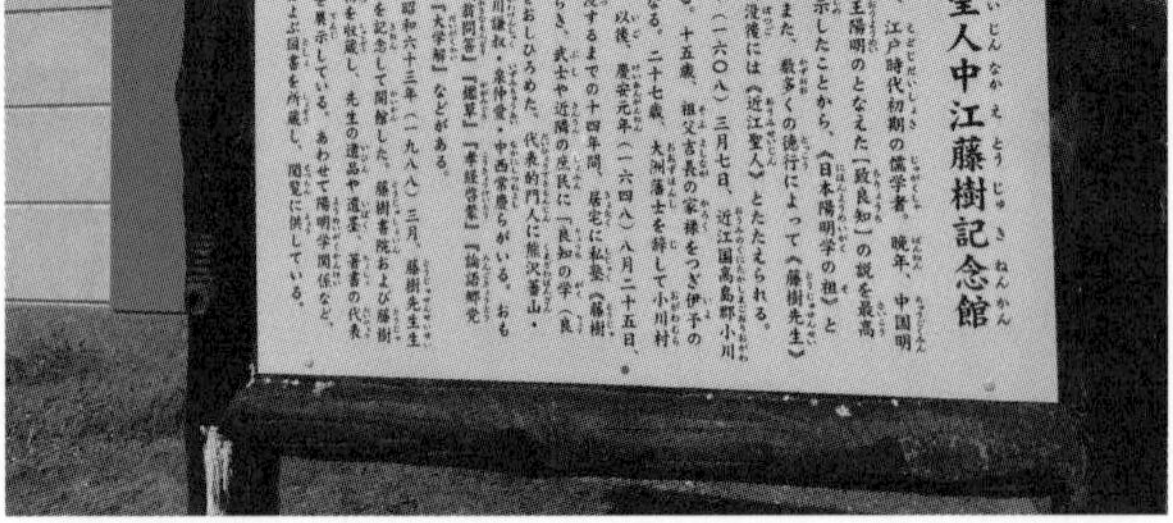

あとがき

最後までお付き合いいただきありがとうございました。

本書を手に取ってご覧になった読者のみなさまが、何か刺激を受けて新たな一歩を踏み出していただけたらこんなに嬉しいことはありません。どのような立場におられても、自分の人生の主役は自分です。どうぞ勇気を出して行動してみてください。恐らく周りの風景が変わってくるはずです。そして気づかない内にあなたは成長しています。

最近特に感じることですが、時間が経つのは早いです。私もいつの間にかシニアと言われる年代に入っていました。歳を重ねてくると気力も体力も減退してくるものです。何かを始めるのに早すぎるということはありません。逆に1分でも1秒でも早いほうがいいです。時間は待ってくれません。後悔しない人生を歩むのであれば「善は急げ」です。

今回のご縁は昨秋出版プロデュースを手掛けているイー・プランニングの須賀様から弊社ホームページを通じてご提案いただいたのがきっかけで出版の運びとなりました。幾多のコンサルタントの中から私共に声をかけてこられたことには本当に感謝しております。

また制作にあたってはセルバ出版の森社長には大変お手数をおかけしました。要領の悪い私共を、根気強く指導くださいました。これがなければ原稿提出に至らなかったかもしれません。本当にお世話になりました。

おかげさまでこの10年、いやコンサルタントとしての20年を振り返ることができました。失敗経験も多いので今更ながらとても恥ずかしい気持ちで一杯です。でも最近はコンサルタントになってよかったとも思っています。何といっても嬉しいのは、本書に紹介した方々の多くが、今も元気で活躍されていることです。より一層のご活躍を楽しみにしております。

今回このような機会が持てたことで、自分自身の人生を見つめる貴重な経験にもなりました。これからの人生をどのように過ごしていくべきなのか、考えさせられました。まだはっきりした形にはなっていませんが、イメージはできてきたような気がします。あとは具体的な計画にまで落とし込んで取り組んでいくだけです。しっかり前を向いて歩んでいきます。

1つだけ心残りがあるとすれば、亡き父との本音の対話ができなかったことです。生前はほとんど自分のことを語らなかった父は、何を思い、何を目指したのかが知りたかったです。自分の戸籍上の本籍地については時間を見つけて調べてみるつもりです。

本当の最後になりますが、これまで色々な形でご縁をいただいた皆さまにこの場を借りて御礼申し上げます。同じ時代を生きている中で、皆さまとのご縁、そして皆さまからのお力添えがあったお陰で今の私があります。ありがとうございました。

井口　雅夫

板橋中央図書館内「ボローニャ絵本館」のラウンジにて

東京都「板橋区立中央図書館内」にある
いたばしボローニャ絵本館

著者略歴

井口　雅夫（いのくち　まさお）

1964年（昭和39年）生まれ　広島県出身
大手不動産会社に就職した後、政治家秘書、インストラクター、国内系コンサルタント会社を経て2005年に独立、株式会社ウェイ研究所を設立して現在に至る。主に中小企業に対する経営コンサルタントとして活動中
・事業承継、後継者育成を中心に据えて「永続企業」を支援している
・組織改革、人事制度の構築を通じて「組織活性化」を推進している
・企業教育においては「共に育つ」という考え方で人財育成をしている
過去の実績としては以下の通り
りそな総合研究所、株式会社リンクアンドモチベーション、旧藤和不動産株式会社グループ
東京商工会議所、東京中小企業家同友会、北海道帯広地域雇用創出促進協議会ほか
・研修実績：約300社　延5000人
・派遣実績：約100社
・顧問実績：約50社

イラスト：作山　依里（トキア企画 株式会社）

自走社員が育つ企業共育のコツ

2024年4月26日　初版発行

著　者　井口　雅夫

発行人　森　　忠順

発行所　株式会社 セルバ出版
〒113-0034
東京都文京区湯島1丁目12番6号 高関ビル5B
☎ 03（5812）1178　FAX 03（5812）1188
https://seluba.co.jp/

発　売　株式会社 三省堂書店／創英社
〒101-0051
東京都千代田区神田神保町1丁目1番地
☎ 03（3291）2295　FAX 03（3292）7687

印刷・製本　株式会社 丸井工文社

Printed in JAPAN
ISBN978-4-86367-884-2